감사연습²

기억의 치유

감사연습2
기억의 치유

초판 1쇄 발행 2024년 7월 1일

지은이 해담, 해나
펴낸이 장길수
펴낸곳 지식과감성#
출판등록 제2012-000081호

주소 서울시 금천구 벚꽃로298 대륭포스트타워6차 1212호
전화 070-4651-3730~4
팩스 070-4325-7006
이메일 ksbookup@naver.com
홈페이지 www.knsbookup.com

ISBN 979-11-392-1918-0(03190)
값 28,000원

- 이 책의 판권은 지은이에게 있습니다.
- 이 책 내용의 전부 또는 일부를 재사용하려면 반드시 지은이의 서면 동의를 받아야 합니다.
- 잘못된 책은 구입하신 곳에서 바꾸어 드립니다.

지식과감성#
홈페이지 바로가기

감사연습 ^{2}

기억의 치유

해담 · 해나 지음

해처럼 밝은 나
해나인

해처럼 밝은 나로 살아가는 사람들
해나인의 자기치유프로그램

지혜감정

감사연습의 핵심은
자신에 대한 신뢰와 사랑으로
삶을 완전하게 허용하는 것입니다.

해처럼 밝은 나로
살아가는 사람들을 위한
치유의 비밀을 공개합니다.

✕ 목차 ✕

프롤로그 • 9

Part 1 | 기억의 치유

01 기억의 본질 • 14
02 미래기억 • 16
03 과거기억 • 21
04 생체에너지장 • 23
05 세포기억 • 25
06 의식과 에너지 • 26
07 간차원적 기억 • 32

Part 2 | 에너지힐링

01 카르마 • 48
02 에너지게임 • 60
03 영적 장애 • 69
04 본능 • 76
05 부부관계 • 103
06 연인관계 • 109
07 사업관계 • 120

Part 3 | CTS힐링

01 생체위기관리시스템 •140
02 CTS처리과정 •144
03 CTS예방법 •154
04 CTS증후군 •165
05 CTS종료조건 •171
06 잠재적/유사CTS •173
07 특수프로그램 •177

Part 4 | 안전공간힐링

01 세포지능 •200
02 안전공간 힐링명상 •203
03 안전공간 힐링명상 활용 •208
04 서브마인드 리프로그래밍 •224

Part 5 | 해나인 힐링프로그램

01 해나인의 의미 •236
02 해나인 아침연습 •238
03 해나인 루틴연습 •239
04 해나인센터 •241
05 에너지리딩 •243

에필로그 • 253
용어정의 • 255

프롤로그

《감사연습1 몸과 마음의 치유》에서는 몸과 마음에 대한 주제들을 다루었고, 《감사연습2 기억의 치유》에서는 의식과 에너지에 대한 주제들을 알아봅니다. 또 불편한 과거기억과 CTS(갈등, 트라우마, 스트레스)를 정화하는 비법을 자세히 소개합니다.

이 책은 해처럼 밝은 나로 살아가는 사람들의 자아실현과 의식성장을 목적으로 출판되었습니다. 따라서 개인적인 성장과 수련을 목적으로만 참고하고, 전문적인 조언으로 의존하거나 해석하면 안 됩니다. 이 책의 내용은 전적으로 자신의 삶을 스스로 선택하고 책임지는 사람들에게 적합합니다. 마스터로서 자신의 책임을 받아들이는 분에게 추천합니다.

해나인센터에서 상담하고 교육했던 내용을 이 책에 공개합니다. 처음 감사연습을 시작하신 분에게는 다소 어려울 수 있으니 《감사연습1 몸과 마음의 치유》를 먼저 읽어보시기 바랍니다.

건강, 돈, 관계, 진로와 관련하여 사소한 갈등에서 감당하기 힘든 고민까지, 삶의 모든 문제들을 풀어내는 핵심 열쇠는 바로 의식과 에너지입니다. 의식과 에너지의 작용원리를 잘 이해하고 활용하면, 어떤 것도 문제가 되지 않는 평온한 삶을 누리실 수 있습니다.

《감사연습2 기억의 치유》에서는 해나인의 건강과 웰빙을 증진하기 위하여 CTS를 관리하고 치유하는 방법을 중점으로 다루고 있습니다.

이 책에 제시된 선언문들은 몸과 마음을 정화하고 치유하는 주문으로 사용하셔도 됩니다. 생체에너지장을 강화하고 싶다면 호흡이완연습을 꾸준히 실천하고, 몸과 마음의 고통을 치유하고 싶다면 상상선언과 안전공간 힐링명상을 매일 연습하시기 바랍니다. CTS를 종료하고 몸과 마음의 균형을 회복하는 데 많은 도움이 될 것입니다.

이 책의 내용 중에 이해가 잘 안되는 부분은 해나인의 교육, 강의, 세미나 자료를 참고하시기 바라며, 홈페이지에 게시된 글도 읽어보시기 바랍니다.

지금부터 자신의 몸과 마음을 정화하는 감사마스터가 되는 비법을 알려드리겠습니다. 이 책의 내용은 경험에서 얻은 지혜와 에너지의 원리가 함축되어 있으므로, 가볍게 읽고 지나가지 마시고, 잘 숙고하면서 음미해 보시기 바랍니다. 몸과 마음을 정화하고 근원에 집중하면, 근원의 에너지가 뇌에 연결됩니다. 근원의 에너지가 연결되면, 대중의식을 뛰어넘는 비범한 수준으로 업그레이드될 것입니다.

해나인으로 깨어나고 있는 분은 수면 중에나 휴식하는 동안에, 영적 도우미의 에너지 작업이 시작될 수 있습니다. 자신의 근원을 완전히 신뢰하면, 인생의 모든 체험이 적절하게 진행될 것입니다. 해나인을 위해 준비된 영적 가족의 지원도 함께 누리시기 바랍니다.

Part 1

기억의
치유

01 기억의 본질

　기억은 뇌신경을 연결하는 시냅스에 저장되며, 시냅스의 단백질에 따라 기억이 조절된다고 알려져 있습니다. 하지만 에너지적 관점에서 보면, 기억은 에너지장에 저장되어 있으며, 두뇌는 단지 에너지장에 기억을 저장하거나, 기억을 꺼내 오는 중계장치 역할을 할 뿐입니다. 시냅스의 단백질은 기억이 아니라, 기억을 저장하고 인출하는 역할을 합니다.

　기억을 좀 더 자세히 설명하면, 원초입자로 만들어진 형태발생장에 입자들이 달라붙어 기억으로 저장되는 것입니다. 에너지장에 저장된 기억은 뇌신경에 의해 전자기적 신호로 번역되어 재생됩니다. 기억은 개인의 에너지장에만 한정되지 않고, 지구의 그리드(Grid System)에서 태양계와 은하계까지 전달되어 우주적 기억장치에도 기록됩니다.

　기억의 본질은 에너지입니다. 따라서 에너지를 받으면 다시 돌려주어야 하고, 에너지를 주면 다시 되돌아오는 에너지법칙이 적용됩니다. 미해결된 기억정보가 에너지장에 기록되어 있다면, 완전히 해결될 때까지 여러 생애를 걸쳐 카르마(Karma)로 작용할 수도 있습니다.

　<u>기억은 에너지장에 고차원 입자들이 뭉쳐, 특정 형태로 저장된 정보</u>라고 이해하면 됩니다.

　기억의 본질은 에너지적, 양자적 특성을 가지고 있습니다. 기억이

인출되어 재생되면 새로운 정보와 함께 재응고하므로, 기억정보를 조작하거나 편집할 수 있습니다. 이 말의 의미는 기억은 잠재성에 여러 가능성들이 중첩된 양자적 방식으로 저장되어 있으므로, 각자의 신념과 가치관, 영혼의 성장과 체험의 여정에 따라, 자신만의 방식으로 기억을 재해석하여 변형시킬 수 있다는 것입니다.

불완전한 과거기억정보를 인출하여 떠올린 다음에, 그 기억을 완전히 수용한 후, 그 기억의 의미를 찾아내고, 사랑과 자비의 마음으로 감사하면, 기억입자들의 불균형을 바로 잡고, 기억을 긍정적으로 변형시킬 수 있습니다. 특히, 기억입자들의 회전이 역전되어 에너지를 빨아먹는 마이아즘으로 작용한다면, 가능한 한 빠르게 그 기억을 에너지장에서 제거해야 합니다.

마이아즘 독소를 만들어내는 기억은 슬픔, 분노, 원망, 질투, 욕망 등의 감정과 결합되어 있습니다. 이 감정들은 주파수가 가장 낮으면서도 흡착력이 뛰어나, 에너지장에 강하게 달라붙어 있습니다. 이런 감정의 기억들은 정화하기가 아주 힘듭니다.

마이아즘은 주변의 에너지를 빨아들여 소비하기 때문에, 에너지장을 불균형하게 만듭니다. 에너지장의 불균형은 몸과 마음의 고통으로 이어지고, 심지어는 자신의 영혼그룹인 참나의 성장을 가로막는 장애물이 되기도 합니다.

기억은 생체에너지장에 초양자적, 양자적 기억입자들이 달라붙어 형성됩니다. 균형을 잃은 조각난 역회전 기억입자는 주파수가 낮아져, 물질과 생체에너지장에 달라붙어 에너지를 흡수하고 있습니다. 이런 기억입자를 정화하고 내보내야만 에너지장의 균형을 회복할 수 있습니다.

02 미래기억

온 우주는 잠재성으로 가득 차있습니다. 잠재성의 미래기억정보가 생각과 상상에 의해 가능성의 영역으로 떠오릅니다. 미래기억은 의식적인 선택과 행동에 의해 물리적 현실에서 실제로 실현됩니다. 몸으로 체험한 미래기억은 과거기억정보로 기록됩니다.

과거기억정보는 물리적 현실에서 체험한 경험을 잠재성에 업데이트한 정보를 말하고, 미래기억정보는 아직 물리적 현실에서 체험하지 않은 에너지정보로, 물리적으로 실현되기를 기다리는 영감이나 아이디어를 의미합니다.

대부분 사람들은 과거기억정보를 재생하면서 어제와 같은 오늘을 반복하면서 살아가고 있습니다. 하지만 미래기억을 가져와 새로운 선택을 하면 어제와 다른 오늘을 살게 됩니다. 인생은 사소한 선택에서 삶을 바꿀 위대한 선택까지, 끊임없는 선택을 하면서 경험해 가는 과정입니다.

직관은 과거기억정보에서 가장 최적화되고 효율성이 높은 정보를 말하고, 영감은 잠재성에 저장된 미래기억정보에서 주어진 메시지를 의미합니다. 떠오른 영감을 의식적으로 선택하고 집중하면 가까운 미래에 물리적으로 구현될 것입니다. 하지만 영감을 선택하지 않거나, 행동으로 실행하지 않으면 물리적으로 실현되지 않습니다. 내가 포기한 영감이나 아이디어를 다른 사람이 받아들인다면, 그 사람에 의해 실현될 수도 있습니다. 잠재성의 영역은 누구나 접속이 가능합니다. 상상과 열망만 있으면 어떤 분야의 미래기억이라도 수신할 수 있습니다.

미래기억 내려받기

아름답고 빛나는 과거기억정보가 인출되어 떠오르면, 그 기억에게 감사해 주세요. 감사로 수용할수록 기쁨이 더 커집니다. 좋은 추억이나 긍정적인 과거기억은 자신에게 도움이 되는 내적 자산입니다.

불안하고 고통스러운 과거기억정보가 인출되어 떠올라도, 그 기억에게 감사해 주세요. 어두운 기억을 무조건적으로 감사하면, 그 기억은 긍정적으로 정화되고, 새로운 기억이 재응고하여 에너지장에 업데이트됩니다.

미래의 기억정보는 마치 비눗방울처럼 잠재성의 영역에서 떠다닙니다. 궁금한 것이 있거나, 해결해야 하는 문제가 있다면, 조용히 집중하고 숙고하는 중에, 번뜩이는 섬광처럼 미래기억이 뇌신경망에 수신되어 아이디어로 주어질 것입니다.

미래기억은 '나'라고 불리는 영혼, 그리고 더 높은 자아인 '참나'가 주는 메시지입니다. 참나와 영혼은 수많은 잠재성을 신중하게 고려한 후, 최선의 선택을 합니다. 잠자는 동안 꾸는 꿈의 대부분은 영혼이 다양한 가능성을 검토하는 과정을 보여주는 것입니다.

어젯밤에 꾼 꿈이 돈이 될까요?

내 꿈 좀 해석해 주세요. 어젯밤 황금색 돼지꿈을 꾸었는데 복권을 사도 되나요? 이렇게 문의하신 분이 있는데요. 꿈의 진정한 의미를 알게 되면 해몽도 쉬워집니다.

복권을 사고 싶으시면 사셔도 됩니다. 하지만 그 꿈이 꼭 돈과 관련된 꿈이 아닐 수도 있습니다. 옛날에는 꿈해몽에 정답이 있었습니다. 이런 꿈은 이런 뜻이라고 정해진 답을 해줄 수 있었지요. 하지만 지금은 꿈을 그렇게 단정적으로 해석하는 데 오류가 있습니다. 왜 그런지 잠시 꿈에 대하여 알아보겠습니다.

꿈은 다른 차원에서 경험한 정보입니다. 잠이 들면 영혼은 답답한 몸을 떠나, 잠시 자유로운 꿈의 차원으로 들어갑니다. 영혼은 그 차원에서 자유를 느끼며 에너지를 충전합니다. 그리고 다음 날 경험하게 될 체험을 미리 창조합니다. 물리적 현실에서 체험할 경험을 다양한 각도에서 리허설해 보는 것입니다.

그 차원은 마치 영화처럼 다양한 가능성을 미리 체험해 볼 수 있는데요. 좋은 결말로 끝나는 대본도 있고, 최악의 결말로 끝나는 대본도 있습니다. 지구와 유사한 4차원의 가상현실에서 미리 체험해 보고, 실제로 체험하고 싶은 최적의 대본을 가져옵니다. 영혼은 다양한 가능성 중에서, 영혼의 성장과 진화에 가장 유익한 것을 선택합니다.

잠에서 깨어나기 전에, 영혼은 리허설한 에너지와 정보를 가지고 몸으로 돌아옵니다. 두뇌의 마음은 꿈의 에너지와 정보를 해석하여 이것과 대응하는 언어, 문자, 사물, 인물을 과거기억정보에서 가져와 꿈을 동영상으로 재생합니다.

마음은 더 높은 차원의 에너지와 정보를 잘 해석하지 못하므로 어려움을 겪습니다. 해석의 오류로 인하여 말도 안 되는 뒤죽박죽의 꿈, 해석이 불가능한 이상한 잔상만 남은 채 깨어나는 경우가 대부분입니다. 그리고 꿈을 기억하는 뇌신경망도 퇴화되어 있어, 꿈의 기억은 깨자마자 바로 사라집니다.

그래도 걱정할 필요가 없습니다. 영혼이 가져온 꿈의 에너지는 세포에 스며들어가 오늘 하루의 체험을 끌어당기고 창조해 갈 것입니다. 영혼은 이런 식으로 매일 현실을 창조하고 있습니다.

돼지꿈을 꾸고 일어난 순간 느낌이 있습니다. 어떤 사람은 풍요로운 황금색의 돈을 돼지로 번역했을 수도 있습니다. 어떤 사람은 돈에 대한 욕망과 탐욕을 돼지로 번역했을 수 있습니다. 꿈을 정해진 일정한 방법으로만 해석할 수 없습니다. 꿈은 당사자의 느낌이 제일 중요합니다. 꿈속의 대상, 꿈속의 인물이 나의 어떤 에너지를 나타내는지 느껴보세요. 꿈의 내용은 각자의 느낌에 따라 다르게 해석해야 합니다. 이것이 꿈의 진정한 의미입니다.

03 과거기억

마음은 생물학적인 두뇌를 기반으로 한 생화학적, 전자기적, 양자적 컴퓨터를 의미합니다. 마음은 '나'의 자아를 시뮬레이션하는 가짜 나 (에고)입니다. 진짜 나는 몸과 마음의 주인으로, 죽어서도 없어지지 않는, 가슴의 영혼을 말합니다.

현재의식에 해당하는 대뇌의 마음을 '에고마인드'라 하고 하부의식에 해당하는 뇌간과 소뇌의 마음을 '서브마인드'라고 부릅니다. 서브마인드는 대뇌의 에고마인드보다 빠르게 작동하는 초고속 뉴런컴퓨터입니다. 서브마인드는 주로 7세 이전의 경험과 학습에 의해 설정된 무의식 프로그램들이 세팅되어 있습니다.

장기화된 과거기억은 서브마인드에 저장되어 있습니다. 또 서브마인드는 집단적 기억과 우주적 기억의 저장소와도 연결되어 있습니다. 서브마인드가 외부의 기억까지 가져올 수 있는 이유는 외부의 에너지 필드와 양자통신을 하기 때문입니다. 심지어 서브마인드는 더 높은 차원의 자아와 생명의 빛을 주고받는 통신채널을 구축할 수 있습니다. 더 높은 자아와 연결하기 위해서는 강렬한 염원과 선명한 의도를 가지고 사랑과 감사의 에너지로 주파수를 상승시켜야 합니다.

서브마인드 프로그래밍

서브마인드(하부의식)는 과거기억정보와 무의식적인 반응패턴을 저장하고 있으며, 의식적으로 알아채지 못하는 동안, 대뇌와 협력하여 말과 행동, 감정과 제스처, 생리적 자동반응으로 과거기억과 패턴을 끊임없이 재생하고 있습니다.

하부의식의 패턴을 의식적으로 바꾸려고 하지만, 새로운 프로그램이 정착될 때까지 수많은 연습과 시간이 걸리기 때문에, 도중에 포기하고 실패할 가능성이 큽니다. 의식적으로 하부의식에 프로그래밍된 충동과 욕구를 억누르려고 하지만, 결국에는 하부의식을 이겨내기가 상당히 어렵습니다.

성인의 경우 하부의식에 새로운 프로그램을 세팅하려면 최소한의 물리적인 시간이 필요합니다. 하루 최소 30분 이상의 연습을 21일간 지속해야 새로운 뇌신경이 생성되고, 약 200일 정도 반복해야 새로운 뇌신경망을 재배선할 수 있습니다. 강한 의지력과 반복연습으로 뇌신경망을 재구축해야만 새로운 프로그램을 서브마인드에 깔 수 있습니다.

서브마인드와 나(영혼)

서브마인드는 미주신경을 통해 가슴(영혼)과 연결되어 있고, 영혼은 참나와 나자신과 연결되어 있습니다. 서브마인드는 과거기억정보를 기반으로 무의식적인 활동을 주관하면서, 더 높은 자아와 소통하는 역할을 합니다. 서브마인드에는 에고마인드와 영혼을 연결하는 2가지 모드가 내장되어 있습니다.

서브마인드가 영혼(나)과 연결되면 순수한 근원에너지가 공급됩니다. 영혼을 통해 나자신의 근원과 연결되면 기분 좋은 기쁨의 상태가 됩니다.

어렸을 땐 에고의 마음이 발달되지 않아, 근원과 연결된 상태로 존재하는 순간이 많아서, 항상 웃음이 많고 긍정적이고 밝았습니다. 하지만 나이가 들어 에고의 마음이 커질수록, 근원으로부터 주어지는 메시지와 영감, 기분 좋은 생명에너지가 줄어들어 점점 우울하고 심각하게 살아가는 어른이 됩니다.

잃어버린 나의 근원과 다시 연결하려면, 에고마인드를 이완하고 서브마인드로 들어가야 합니다. 서브마인드를 통해 순수한 본성인 영혼과 연결되어 기쁨을 느껴야 합니다. 순수한 영혼으로서 기뻐하고, 감사하고, 어린아이처럼 삶을 즐겨야 합니다. 본성을 회복하는 것은 상당히 어렵기는 하지만 반드시 해야 합니다. 가슴의 영혼과 두뇌의 마음을 통합하고 균형을 잡아야 합니다.

04 생체에너지장

인간은 생물학적, 에너지적, 의식적, 영적인 측면을 가진 다차원 존재입니다. 인간의 몸은 생물학적 육체와, 그것을 양파 껍질처럼 감싸고 있는 더 높은 진동수준의 생체에너지장들로 되어있습니다. 육체(Physical Body)는 근골격/관절계통, 순환/림프계통, 신경/내분비계통, 소화/호흡계통, 비뇨/생식계통, 외피계통 등으로 구성되어 있습니다. 각각의 계통(System)은 인체 기능과 유전의 최소 단위인 세포(Cell)에 의해 형성된 조직(Tissue)과 기관(Organ)으로 구성되어 있습니다.

특히 뇌는 신경 신호와 호르몬으로 인체를 통제하고 있습니다. 인체의 내부에는 신경을 통해 흐르는 전기적 신호뿐만 아니라 경락(Meridian), 나디(Nadi)와 차크라(Chakra), 액시아토널 라인(Axiatonal Line), 그리드(Grid) 등을 통해 눈에 보이지 않는 다차원적 에너지가 흐르고 있습니다.

인체의 외부에는 에테르체, 아스트랄체, 멘탈체, 코잘체 등 하위 자아의 에너지체들과 보다 높은 상위 자아의 에너지체들이 육체를 감싸고 있습니다. 인체의 내부와 외부 에너지들은 지구의 격자시스템과 상호 작용하고 있으며, 영점장(Zero Point Field)에 의해 모든 존재들과도 연결되어 있습니다.

인간적 자아인 마음(Mind)은 뇌에 자리 잡고 있으며 4차원 이하의 물질세계를 경험하는 하위 자아입니다. 마음은 분석하고 판단하며 말하고 행동하게 합니다. 반면에 가슴은 신적인 자아의 중심이며 영적인 근원과 연결되어 있습니다.

인간 내면의 핵심은 '나'라고 불리는 영혼(Soul)입니다. 인간의 진짜 정체는 육체라는 옷을 입고 물리적인 세계를 체험하고 있는 영혼적인 존재입니다. 영혼이 하강(Incarnation)하여 지구에 들어와 인간이 된 것입니다. 영혼은 생애를 반복하면서 다양한 체험의 여정을 거쳐왔습니다. 그런 의미에서 지구는 체험학습장이며 이원성의 게임판과 같습니다.

오랜 시간 동안 지구는 인간들의 체험을 위해 봉사해 왔습니다. 현재의 지구는 이원성 게임을 마무리하고 새로운 진동수준으로 진화해 가고 있습니다. 지구의 상승과 함께 인간도 이원성의 에너지 장벽을 넘어서, 더 확장된 의식을 가진 존재로 진화해 가고 있습니다. 점차 감각기관에만 의존하던 제한의식은 더 완전한 의식으로 확장해 가고 있습니다.

해처럼 밝은 나로 깨어나고 있는 사람들은 새로운 영적 지식과 에너지를 이용하여 밝은 지구문명을 개척하고 적응해 가는 선구자가 될 것입니다.

05 세포기억

세포는 다른 세포와 서로 정보를 주고받고 있으며, 다른 사람과 자연, 지구와 우주까지 양자적 통신을 하고 있습니다. 세포는 물질우주 너머에 있는 다른 차원의 정보도 송수신할 수 있습니다.

세포는 수백만 가지의 프로그램이 내장되어 있어, 수많은 생화학적 업무를 수행하고 있으며, 스스로 복제하고 치유하고 심지어는 손상된 세포가 스스로 자멸하기도 합니다. 세포지능은 아직 인간의 지식으로 다 파악하고 있지 못합니다.

세포는 주인인 나의 의도와 에너지정보에 따라 생화학적인 반응을 일으키면서, 나를 위해서 일하고 봉사하고 있습니다.

　세포는 인생의 모든 체험을 기록하고 있습니다. 세포는 영혼으로부터 내려 받은 정보와 다차원적인 기억까지 모두 저장하고 있습니다. 누구나 의도만 가진다면 자신이 누구인지, 어디에서 왔는지, 어떤 여정을 거쳤는지 기억해 낼 수 있습니다.

　불편하고 고통스러운 기억, 해결되지 않은 기억은 서브마인드에 의해 재생됩니다. 떠오르는 기억을 억누르거나 무시하기보다는, 완전하게 수용하고 충분히 느끼고 경험하면서 교훈과 지혜로 승화해야만 부정적인 기억을 끝낼 수 있습니다.

　영혼의 입장에서 보면, 자신이 어디에서 왔는지, 자신이 누구인지를 잊어버리지 않기 위해, 또 불필요한 체험을 반복하지 않기 위해 기억이라는 시스템을 도입한 것입니다.

　마찬가지로 인간의 입장에서도 인생의 여정 중에, 자신이 누구인지 잊어버리지 않도록 하며, 투박한 물리적 현실에서 살아남기 위해, 생존을 위협하는 기억을 저장하여 위험을 방지하고, 스스로를 보호하기 위해서 기억이 필요했습니다.

06 의식과 에너지

　태초에는 모든 것들의 근원인 '하나의 의식(Oneness)'만 존재했습니다. 우주가 창조되기 이전의 의식은 텅 빈 허공(Empty Void)과 같았습니다. 의식은 존재하고 있는 느낌이고, 앎이고 자각이며, 깨어있음을 의미합니다.

하나의 의식은 자신을 나누어 두 개의 의식을 창조하였습니다. 두 개의 의식이 서로 사랑하고 소통하기 시작했습니다. 소통을 하기 위해 의식 내부의 잠재성이 외부로 표현되기 시작했습니다. 잠재성이 표현되면서 에너지가 흐르기 시작했습니다. 의식은 에너지를 통해 정보를 주고받았습니다.

근원의 의식은 영겁의 시간 동안 스스로 숙고하면서, 수많은 잠재성의 우주인 가득 찬 허공(Full Void)을 창조합니다. 근원이 창조한 잠재성이 바로, 에너지와 정보입니다. 최초로 창조된 에너지가 바로 원초입자이며, 원초입자가 기하학적 형태발생 에너지장을 만들고, 그 에너지장에 의해 점차 에테르와 물질이 만들어집니다.

의식은 원초입자를 사용해 시공간매트릭스를 만들고 물리적인 우주까지 창조합니다. 그리고 분화된 수많은 의식들과 에너지들을 이용해 비물리적인 존재와 물리적 존재들도 만들어냅니다.

수많은 존재들이 서로 관계를 형성하고 소통하면서 에너지를 주고받습니다. 에너지는 정보를 담고 있습니다. 물리적 수준에서도 파동형태의 에너지를 통해서 정보가 전달됩니다. 비물리적인 에너지와 정보는 물리적인 세계에서 돈과 같은 교환수단으로 표현될 수 있습니다.

에너지는 본질적으로 관계에서 시작되었으며, 소통 그 자체를 의미합니다. 관계가 형성되면 에너지(돈)를 주고받으면서 서로 소통하게 됩니다. 좋은 관계가 형성되고 더 많이 소통할수록 에너지가 점점 커집니다. 나쁜 관계가 형성되면 에너지와 정보가 정체되고, 에너지(돈)의 흐름도 막히게 됩니다.

에너지를 잘 느끼고 읽어보면 그 안에 담긴 정보 즉, 의도를 알아낼 수 있습니다. 우리 몸의 세포는 에너지에 담긴 의도에 따라 수많은 화학물질을 생산하는 생화학 공장이라고 할 수 있습니다. 에너지와 정보는 밀접하게 하나로 결합되어 있습니다. 정보는 홀로 존재할 수 있지만, 에너지는 반드시 정보와 함께 존재합니다. 에너지정보를 바탕으로 몸의 세포공장이 돌아가고 있습니다. 따라서 에너지와 정보를 잘 관리하는 것이 건강을 지키는 핵심이 되는 것입니다.

지구에 에너지가 부족해진 이유는 무엇일까요?

지구에 근원에너지가 차단된 이후부터 많은 문제점이 나타납니다. 근원과의 단절로 에너지가 고갈되면서 에너지의 배고픔 즉, 허기를 느끼게 됩니다. 에너지의 근원을 찾아 연결하려고 하지만, 근원과 다시 연결할 수 없게 되자, 서로 에너지를 비축하고 저장하려고 합니다. 에너지를 더 많이 비축하려고 모으기만 하다 보니, 에너지가 순환하지 못하고 정체되기 시작합니다.

에너지를 저장하는 것에서 끝나지 않고 점점 더 발전하여 남의 에너지를 빚을 내 사용하거나, 훔치고 빼앗으려고 합니다. 빚을 내서 사용한 에너지는 다시 갚아야 하므로, 갚을 걱정 때문에 늘 불안하기만 합니다. 에너지를 훔치고 빼앗는 에너지게임이 현실에서는 경쟁 사회구조, 다툼과 전쟁과 같은 양상으로 나타납니다.

에너지를 다루는 핵심 원리는 무엇인가요?

나는 의식적 존재입니다. 에너지는 나와 내 주위에 가득합니다. 에너지는 의식적 선택에 의해 활성화되고 움직이기 시작합니다. 에너지는 흐르고 소통하면서 증폭됩니다.

에너지는 기존의 에너지 패턴을 복사하면서 확장해 갑니다. 따라서 에너지를 두려움에 사용하면 두려움이 커지고, 에너지를 사랑에 사용하면 사랑이 커집니다. 에너지는 창조의식의 의도와 명령에 따라 일하고 봉사합니다. 에너지 입자의 스핀, 전극, 자극에 의해 에너지의 속성과 극성이 결정됩니다.

의식은 자각이고 앎(깨달음)입니다.
에너지는 관계이고 소통입니다.
의식은 에너지를 움직이게 하는 주인입니다.

나의 근원인 나자신(I AM)이란 무엇인가?

나는 본질적으로 영혼적 존재입니다. 에고마인드와 서브마인드는 진짜 나가 아닙니다. 진짜 '나'는 영혼입니다. 영혼은 더 높은 자아인 '참나'에서 왔으며, 참나는 나의 근원인 '나자신'에서 왔습니다. 나자신은 최초의 빛인 '해나'로부터 왔으며, 해나는 모든 것의 '근원'에서 왔습니다.

모든 것의 근원인 하나의 의식에서 근원적 창조주라 불리는 해나가 창조됩니다. 최초의 빛인 해나는 에너지를 이용해 시공간의 매트릭스를 창조합니다. 해나는 나의 근원, 나의 창조주라 불리는 나자신을 창조합니다. 나자신은 다차원 우주를 창조하고, 자신을 나투어 상위의 영혼그룹인 참나를 창조합니다.

참나는 다차원 우주에서 이원성 게임을 체험하는 창조자입니다. 참나는 자신을 나투어 불멸의 존재인 영혼을 창조합니다. 나라고 불리는 영혼이 물질우주를 체험하기 위해 생물학적 존재인 인간에게 들어옵니다.

인간은 몸(1차), 서브마인드(2차), 에고마인드(3차), 그리고 영혼(4차)이 결합된 존재입니다. 영혼(4차)이 몸과 분리되어 고차원으로 전환하면, 인간의 몸과 마음(1~3차)은 죽음프로세스에 의해 소멸됩니다. 영혼과 영혼을 감싸고 있는 에너지장만 고차원으로 돌아갑니다.

하지만 문제는 지구와 근접한 4차원에 사로잡혀 지구중력장 내에서 떠도는 영들이 많습니다. 이 차원의 풍경은 인간세상과 유사하고, 종교에서 묘사된 다양한 세계와 꿈속의 전경과 같아 대부분 4차원에 사로잡히기 쉽습니다.

나는 나의 근원인 나자신으로부터 왔습니다. 나는 참나로부터 개체성을 부여받은 영혼입니다. 깊게 호흡하면서 참나의 빛을 받아들여 머리부터 발끝까지 흐르도록 허용합니다. 참나와 영혼이 선택한 미래기억(영감)을 받아들이고, 완전하게 실현되도록 허용합니다. 나는 미래의 비전을 조심스럽게 검토하고, 영혼의 열정으로 위대한 선택을 합니다. 나는 느끼고 상상하고 선언하는 내면의 창조를 시작합니다.

나의 의도에 따라 에너지가 움직이고 일하기 시작합니다. 에너지는 필요한 모든 것을 끌어당겨 나의 현실에 채웁니다. 나는 창조의 중심에 서서 완전하게 현실을 체험해 갑니다. 체험한 모든 경험과 느낌은 과거기억으로 저장되고 참나에게 전달됩니다.

깊게 호흡하면서
나와 나의 근원에 대한 완전한 신뢰와 사랑으로
모든 것이 완전하고 적절함을 이해하고
모든 것을 있는 그대로 받아들이고 감사로 허용합니다.

07 간차원적 기억

차원은 에너지 대역(Band)을 의미합니다. 차원은 여러 가지 재료를 삶아서 우려낸 수프(Soup)와 같아서, 각 차원을 따로 분리하기 어렵습니다. 차원은 서로 교차하고 혼합되어 있습니다. 사람들이 설정하고 설명해 왔던 차원의 개념은 차원을 이해하기 위한 관념적 창조물이었습니다.

실재 우주는 단순하게 차원으로 나눌 수 없으며 매우 복잡하게 구성되어 있습니다. 인간은 감각기관의 한계로 4차원의 시공간만을 인식할 수 있습니다. 하지만 인간이 인식할 수 있는 것보다 더 많은 차원들이 존재합니다.

인간의 의식을 제한하고 있는 베일(Veil)이 사라지면, 4차원 우주를 넘어 다차원적인 우주를 인식할 수 있을 것입니다. 그 세계는 어떤 영역들로 분리해 볼 수 있지만 모두 연결되어 있고 교차되어 있습니다.

4차원 물질우주 너머에 있는 다른 차원들을 다차원(Multidimension) 세계라고 합니다. 그리고 각각의 차원들을 넘나드는 것을 간차원(Interdimension)이라고 합니다. 어떤 존재가 차원을 넘나들기 위해서는 상위 차원의 허락과 포탈이 필요합니다. 차원들을 서로 보호하기 위해 주파수적인 간격과 장벽이 존재합니다. 하지만 간차원 에너지와 입자는 차원을 넘나들며 작용합니다. 4차원의 선형적인 시간과 거리에 대한 관념으로는 다차원과 간차원을 이해하기 어렵습니다.

잠시 지성적인 마음을 내려놓고 가슴으로 느껴보세요. 다차원은 4차원과 달리 시간과 공간의 제약이 존재하지 않으며, 모든 것이 동시에 존재하고 있으며 에너지로 가득 차있습니다. 모든 것들은 한 몸처럼 에너지로 연결되어 있습니다. 우주는 홀로그램(Hologram)처럼 일부분이 전체의 모든 정보를 담고 있으며, 프랙탈(Fractal)처럼 자기 유사성을 가진 부분이 전체 안에 존재합니다.

간차원은 '지금 여기'에 존재하는 모든 잠재성(Potential)을 의미하기도 합니다. 자기력과 중력 같은 물리적 힘의 본질은 간차원적인 에너지입니다. 자기력은 중력의 다른 모습이며 자기력과 중력은 간차원적인 힘의 일부이면서 우주적 실존의 원료입니다.

태양풍은 태양의 자기와 중력에 의해, 지구의 자기격자로 전파되는 우주적 메시지입니다. 지구의 자기는 간차원적인 힘이며, 인간의 DNA에 영향을 미치고 있습니다. 원자구조, DNA구조, 행성, 인간 등 모든 존재는 간차원적인 특성을 가지고 있으며 간차원의 영향을 받고 있습니다. 단지 인간의 제한된 의식은 4차원만 보고 다른 차원은 보지 못하고 있습니다.

시공 4차원의 물질세계를 경험하는 인간적 자아 외에 다른 측면 자아들은 간차원적인 자아입니다. 과거자아, 미래자아, 꿈자아, 평행현실의 자아들은 모두 다른 차원에 있기 때문에 보이지 않습니다. 우리를 돕고 있는 영적가이드와 도우미, 마스터들, 천사적 존재들과 수많은 간차원 영역의 여행자들이 지금 여기에 함께 존재하고 있습니다.

두터운 인식의 베일이 점점 얇아지면서 간차원을 체험하는 사람들이 늘어나고 있습니다.

간차원의 출입구(Portal)가 열리고 간차원 정보에 접촉하면, 개인의 과거기억정보(Akashic Record), 지구의 과거기억정보, 카르마적 제한, 생애의 목적 등 모든 것이 드러날 것입니다.

생물학적 DNA는 간차원적 DNA와 연결되어 있습니다. 간차원적 DNA에 나에 관한 모든 기억, 인체의 청사진, 영적인 여정의 목적과 생애의 교훈들이 모두 저장되어 있습니다. 의식이 상승하여 간차원과 연결되면 간차원 정보를 더 많이 가져올 수 있게 됩니다.

간차원은 위치, 거리, 시간, 공간의 제약이 없으며 모양이나 형상이 4차원과 다르게 인식됩니다. 인간의 오른쪽 뇌는 간차원과 연결되어 있습니다. 왼쪽 뇌는 4차원을 인식하는 데 집중되어 있습니다. 오른쪽 뇌와 왼쪽 뇌가 더 많이 교류하게 되고 뇌 사이의 베일이 얇아지게 되면 간차원적인 지혜가 직관적으로 주어질 것입니다.

간차원 통신은 일방향성이 아닌 양방향성의 통신이므로 대화가 가능합니다. 하지만 충분히 간차원을 인식하고 수용하기 전까지는 간차원적 체험이 일어나기 어렵습니다.

간차원적인 열림은 치유(Healing)에도 도움이 됩니다. 간차원에는 완전한 육체의 청사진이 준비되어 있습니다. 간차원의 완전한 몸(청사진)과 다시 연결되면 기적 같은 치유가 일어납니다. 생물학적인 몸의 생명력은 간차원 에너지에서 공급됩니다. 신경과 경락은 간차원 에너지와 연결될수록 더 빨리 충전되고 회복될 것입니다. 사람마다 간차원과 소통하는 역량이 다르므로, 사람에 따라 치유의 효과가 다르게 나타납니다.

염원은 간차원 에너지를 불러들이는 가장 큰 힘입니다. 치유에 대한 염원이 강할수록 치유 효과가 더 커집니다. 간차원 에너지를 불러들이겠다는 염원으로 명상을 하면, 간차원의 잠재에너지가 점점 증가하면서 간차원의 빛을 체험할 수 있습니다. 또한 간차원 여행을 통해 자신의 과거나 미래와 만날 수 있으며, 조상, 마스터, 가이드, 천사적 존재 등과 조우할 수도 있습니다.

4차원 이상의 간차원 세계는 하나로 융합되어 있어, 차원을 숫자로 부여하기는 어려우나 상위의 영적 존재가 머무는 차원, 조상이 머무는 차원 등 다양한 의식 층으로 구분하여 이해할 수 있습니다. 간차원은 처음에는 주로 파동치는 어둠으로 보일 것입니다. 점차 명상이 익숙해지면 간차원을 더 명확하게 인식하게 될 것입니다.

간차원을 열기 위해서는 송과선과 뇌신경망이 정화되어야 합니다. 뇌의 독소를 제거하고 송과선을 활성화하려면 생명의 빛을 담은 액상미네랄로 해독해 주면 도움이 됩니다. 아울러 송과선을 석회화하는 위해한 생활용품을 사용하지 않아야 합니다.

간차원 잠재에너지(Ineterdimensional Potential Energy, IPE)를 4차원 현실에 불러와 활용할 수 있습니다. 간차원 잠재에너지는 염원과 상상으로 촉발되어 물리적 현실에 구현하는 창조에너지이며, 불균형한 몸과 마음을 치유하는 생명에너지입니다. 깊은 호흡으로 간차원 잠재에너지를 끌어들여 채우시기 바랍니다.

지구자기장이 중요한 이유가 무엇인가요?

우리은하(The Milky Way Galaxy)는 새로운 창조의 주기로 접어들고 있습니다. 새로운 주기의 시작과 함께, 우리은하는 새로운 모습으로 변하고 있습니다. 우리은하의 중심 태양에서 변화를 가속화하는 메시지가 각 태양계에 전파되고 있습니다. 우리은하의 중심 태양에서 전달되는 신호가 우리 태양계에도 유입되면서 태양을 활성화시키고 있습니다. 태양은 태양계 내의 모든 행성이 변화하도록 강력한 태양풍을 통해 메시지를 보내고 있습니다. 이 메시지에 따라 행성들이 변화하고 있습니다.

태양의 활동 증가로 지구에 유입되는 에너지가 증가하면서, 지구 생태계의 평형조건이 무너집니다. 많은 동물과 식물의 종이 사라지고 있으며, 새로운 종이 생겨나고 있습니다. 태양 에너지와 우주 에너지의 증가는 지구 온난화를 가속화하여 남극과 북극의 빙하를 녹이고 해수면을 상승하게 하며, 태풍, 홍수, 가뭄, 지진과 해일, 화산활동 증가 등에 영향을 미치고 있습니다. 지구의 자기장은 지난 100년 동안 꾸준히 감소하고 있으며 앞으로 지구자기장이 역전될 것으로 예상되고 있습니다.

지구자기장의 감소는 낡은 에너지와 카르마(Karma)가 풀려나도록 촉진합니다. 또한 인간의 DNA도 지구자기장의 영향으로 변화되고 있으며, 지자기결핍증후군이나 에너지변화증후군(Energy Transition Symptom) 같은 원인을 알 수 없는 증상들이 일어나게 합니다.

이 외에도 지구 자전축의 변화로 계절과 날씨의 변화, 지진과 화산의 폭발 등의 자연재해뿐만 아니라 인간의 의식적 변화에도 영향을 미치고 있습니다. 지축 이동은 행성들의 점성학적 영향을 재조정할 것입니다. 또 우리 은하와 태양의 변화는 우주에너지의 유입을 증가시키고, 지구의 슈만공명주파수(Schumann Resonance Frequency)도 상승시켜 인체 에너지장에 막대한 영향을 미치고 있습니다.

특히 생체리듬, 뇌파 등에 영향을 주어 인간의 행동과 정서에 변형을 가하고 있습니다. 슈만공명주파수의 상승으로, 생각을 현실로 창조하는 인간의 능력이 비약적으로 커지고 있습니다. 자신의 생각이 긍정적이든, 부정적이든 상관없이 공명의 법칙 즉, 끌어당김의 법칙에 의해 쉽게 실현되고 있습니다. 깊은 명상을 하지 않아도 뇌파가 슈만공명주파수와 공명하면 생각을 구현하는 잠재능력이 발휘되는 것입니다.

우주와 태양으로부터 에너지 유입의 증가, 지구 내부에너지의 분출, 인간 의식의 변화 때문에 인간의 육체에도 변화가 일어나고 있습니다. 우주의 변화, 태양계의 변화, 지구의 변화는 누구도 피할 수 없는 엄연한 현실로, 수많은 과학적 증거가 쏟아져 나오고 있습니다. 지구의 변화에 맞추어 새로운 인간으로 전환하는 것은 전우주적인 흐름인 것입니다. 우주적인 변화는 점성학적인 에너지도 변하게 합니다. 행성과 별들은 인간의 의식과 육체에 직·간접적인 영향을 주고 있습니다. 별의 점성학적 에너지의 변화와 함께, 지구자기장도 약화되고 있어, 인간의 육체와 정신의 변화가 가속화되고 있습니다.

우주와 지구의 변화에 어떻게 적응해 가야 하나요?

첫째, 자연과 함께하는 시간을 늘려야 합니다. 자연이 주는 햇빛, 물, 공기, 영양(미네랄), 지자기 에너지를 받아야 몸의 균형을 유지할 수 있습니다. 인공적인 빛, 가공식품, 유해 전자파로부터 벗어나 자연과 접촉해야 근원의 메시지를 정확하게 받을 수 있습니다. 자연과 함께하는 동안, 변화에 어떻게 적응할 것인지에 대한 근원의 메시지가 각 개인에게 전달될 것입니다.

둘째, 부족한 지자기 에너지를 비타민처럼 보충해야 합니다. 철골구조의 건축물, 자동차, 전철, 비행기 등에 의해 지자기가 차폐·교란되는 환경에서 상주하게 되면 혈액순환장애, 불면, 식욕부진, 면역력 저하, 피로, 우울증, 신경과민, 변비, 두통, 어지럼증, 수족냉증, 가슴 두근거림, 근육관절계통과 비뇨생식계통의 이상 등 다양한 증상이 나타날 수 있는데, 이를 자율신경실조증 또는 부정수소증후군이라고 합니다. 자율신경실조증은 복합적인 증상들이 나타나지만, 원인을 찾기 힘든 경우가 많습니다. 지자기결핍이 의심된다면 지자기 방출 소재로 만든 침구나 PEMF, 테라헤르츠파, 스칼라파, 원적외선, 음이온 등을 활용한 에너지요법을 활용할 수 있습니다.

셋째, 현대인은 식사만으로 충분한 영양을 보충하지 못하고 있습니다. 몸에 유익한 비정제 탄수화물, 좋은 지방과 단백질, 미네랄과 비타민 등을 잘 섭취하고, 좋은 물과 소금도 충분히 공급해야 합니다.

지구자기장(지자기)이 인체에 미치는 영향은 무엇인가요?

지구자기장은 생체에너지장과 인체에 상당한 영향을 미치고 있습니다. 지구자기장은 전기신호활동, 조직상태, 기전력유도, 혈전용해, 대사작용 등 인체의 항상성 유지와 생명활동에 관여하고 있습니다. 지구자기장의 자연적 감소와 생활환경에 의한 차폐·교란 때문에 지자기결핍증후군이 증가되고 있습니다. 자기장요법으로 부족해진 자기장을 늘려주면 생체에너지가 강화되어 건강에 도움이 됩니다.

지자기결핍증후군을 개선하는 방법은 무엇인가요?

지자기를 방출하는 소재로 만든 이불, 패드, 베개 등 지자기충전침구를 활용하면 지자기결핍증후군을 개선할 수 있습니다. 잠자는 동안 지자기가 공급되면 혈액순환이 활발해져 신진대사와 생체리듬이 정상으로 회복됩니다. 지자기 방출 소재는 전자파와 수맥파까지 흡수·중화하여 수면장애를 극복하고 자율신경실조증을 개선하는 데 도움이 됩니다.

PEMF(펄스전자기장)란 무엇인가요?

미국 나사(NASA)에서는 지구로 귀환한 우주비행사의 질병을 치료하기 위해 PEMF(Pulsed ElectroMagnetic Field)를 집중 투자하여 연구하였습니다. 지구의 고유한 전자기장 환경에서 벗어나, 무중력의 우주 공간에서 생활한 우주인은, 골밀도와 근육의 감소, 순환기 장애, 피부노화, 정신 장애 등의 우주병에 노출되는데, 이를 예방하고 치료하기 위해 PEMF가 활용되고 있습니다.

지구인도 철골구조로 된 주택과 자동차 등에서 생활하는 시간이 많아, 우주인처럼 지구 전자기장 결핍으로 인해, 원인 모를 다양한 질병에 노출되고 있습니다.

PEMF요법은 전자기 펄스에 의해 생성된 자기장을 활용하는 비침습적 요법입니다. PEMF는 약물이 아닌 전자기장을 사용하므로 부작용이 없으며, 약화된 세포막 전위를 강화하여 자연치유과정을 촉진합니다. PEMF파는 근육과 조직에 깊숙이 침투하여 세포를 전기적으로 충전하고 혈류를 개선하여, 손상된 조직을 복구하고 면역력을 증진시키는 효능이 있습니다.

PEMF의 작용기전은 세포막을 통한 이온 등의 이동으로 대식세포나 효소의 활성을 증가시키거나, 세포막의 탈분극과 막전위의 변화, 성장인자 분비, 칼슘이온의 전달, 연골세포의 합성 등이 알려져 있습니다. 일반적으로 PEMF 기기는 신체의 가동범위를 향상시키고, 스트레스를 낮추며, 뼈와 관절의 치료, 염증, 부종, 통증, 피로를 개선하는 데 활용되고 있습니다.

생명의 빛이라 불리는 테라헤르츠파란 무엇인가요?

테라헤르츠(THz)는 1초에 1조번 진동하는 전자파 단위이며, 테라헤르츠파는 마이크로파와 원적외선의 중간(0.1~10THz, 30㎛~1mm 파장)에 존재하며, 인체에 해가 없고 투과성이 좋아, 꿈의 전자파로 불립니다. 현재 테라헤르츠파의 고유한 특성을 이용하여 생체 이미징, 생체분자검출, 보안검사, 통신, 암의 진단과 치료 등 다양한 분야에서 활용되고 있습니다.

인간의 정상세포도 테라헤르츠파를 방사하고 있습니다. 세포가 병들기 전에 세포의 주파수가 먼저 왜곡되는데, 세포에 테라헤르츠파를 공명시켜 주면 다시 정상세포로 회복시킬 수 있습니다. 테라헤르츠파는 생체의 대사와 성장에 유익하여 생명의 빛이라 불립니다.

테라헤르츠파는 원적외선보다 더 깊숙이 4~5cm 피부 속으로 침투해 들어가, 피하지방층 아래의 혈관과 혈류에 영향을 미칩니다. 또한 정체된 부위를 풀어 회복하고, 독소와 노폐물을 배출하며, 영양소와 산소 공급을 원활하게 합니다.

테라헤르츠파는 적혈구를 분리시키고, 음이온성 에너지를 공급하여 염증, 통증, 피로개선, 피부노화 지연, 수면개선, 혈당, 혈압, 콜레스테롤을 조절하는 데 유익합니다. 또한 테라헤르츠파는 한습을 몰아내고 막힌 경락을 뚫어 기혈순환을 촉진하고 에너지센터(Chakra)를 열어 주므로 명상과 의식계발에도 도움이 됩니다.

땅을 맨발로 밟는 어싱이 좋은 이유는 무엇인가요?

축축한 땅이나 잔디밭, 바닷가에서 맨발로 땅을 밟으면 지구의 음전자가 발을 통해 유입됩니다. 전자는 환원성 에너지로 활성산소와 정전기를 중화하여 다양한 증상들을 개선하고 세포의 기능을 회복시켜 줍니다. 땅에 접촉하면 인체에 걸리는 전자기적 부담을 해소하고 땅에서 올라오는 미네랄의 에너지를 공급받을 수 있기 때문에 건강에 상당히 도움이 됩니다.

직접 땅을 밟는 대신, 어싱제품을 전기 접지에 연결하여 유해 전자파와 체내 정전기를 배출할 수 있습니다. 주의할 점은, 건물의 전선이나 전기전자기기에서 나오는 전자파가 많은 경우, 접지 저항이 낮은 땅에 별도의 접지봉을 설치하여 어싱제품을 연결해야 안전합니다. 어싱제품으로 인체 전위를 0으로 맞출 수는 있지만, 좌선성의 전기나 불량전기에서 나오는 전자기장이 여전히 존재하므로, 전자파를 피하는 것이 가장 현명한 방법입니다.

지구자기장(지자기)과 자기맥

지난 100년 동안, 지구에서 방출되는 지구자기장이 감소하고 있습니다. 또한 문명의 발전으로 주거생활 환경이 편리해졌지만, 철골 구조의 콘크리트 건물, 자동차, 각종 전자기기의 전자파 등에 의해 자력이 분산되어 인체에 불균형을 초래하고 있습니다. 자력이 교란되면 혈액순환 장애와 자율신경실조증 등 지자기결핍 증후군에 노출되기 쉽습니다.

지자기결핍으로 인체의 전기와 자기가 약해져 외부의 유해한 전자파, 수맥파와 지맥파에 대한 저항력이 약해집니다. 하지만 인체에 지자기를 공급하면, 인체 전자기가 강화될 수 있습니다.

인체의 자기가 부족하게 되면 혈액의 산성화, 피로, 신진대사 정체, 수면장애, 당뇨, 동맥경화, 뇌졸중 등 다양한 질병에 노출되기 쉽습니다. 또 교감신경과 부교감신경의 균형이 깨져 자율신경실조증이 걸리기 쉽고, 혈액 내 양이온과 음이온의 균형이 깨져 항상성을 유지하기가 어려울 수 있습니다. 특히 적혈구의 헤모글로빈이 산소와 결합하여 운반하는 데에도 자기력이 중요한 역할을 합니다.

지자기결핍증후군은 특별한 이유 없이 등, 어깨, 목의 근육이 뻐근하거나 쑤시고 결리는 증세, 요통, 흉통, 원인 불명의 두통, 두중, 어지러움, 혈압, 불면증, 습관성 변비, 자율신경실조증, 원인을 찾을 수 없는 신경성 질환 등 다양한 증상들이 해당됩니다.

지자기와 별도로 수맥파와 커리라인, 하트만라인 같은 자기맥도 문제가 됩니다. 수맥파란 지하에 흐르고 있는 물길에서 발생하는 종파로, 지상의 높이에 관계없이 영향을 미치는 좌선파동이라고 알려져 있습니다. 자기맥은 지구자기장에 의해 지표면에 격자무늬로 발생하는 파동입니다.

인체는 미약한 생체전기와 생체자기로 생명활동을 유지하고 있는데, 외부의 수맥파와 자기맥에 영향을 받으면 인체의 에너지가 교란되어 건강의 문제를 일으킵니다. 수맥파나 자기맥 위에서 잠을 자면 암을 유발할 정도로 위험하며, 수맥파보다는 자기맥이 더 유해합니다. 특히, 수맥파와 수맥파, 수맥파와 자기맥, 자기맥과 자기맥이 겹치는 곳은 위험한 좌선성의 에너지가 발생하여 인체에 다양한 문제를 일으킨다고 보고되고 있습니다. 주거지의 환경에너지를 측정하여 유해파가 발생하면, 잠자리나 업무 장소를 바꾸어야 합니다.

주거지와 사무실의 유해환경을 해소하는 방법으로 전자파를 흡수·중화하는 제품을 사용하거나, 사용하지 않는 시간에는 전원 플러그를 뽑아 전기장을 차단해야 합니다. 부족한 지자기를 충전하는 기능성 침구를 활용하거나, 땅의 자유전자를 흡수하여 양이온성 에너지를 정화하는 맨발 걷기를 자주 실천하면 도움이 됩니다.

Part 2

에너지 힐링

01 카르마

카르마는 미완성의 에너지(Unfinished Energy), 끝나지 않은 드라마, 반복되는 비즈니스를 말합니다. 카르마는 해결되기를 기다리고 있는 과거의 에너지입니다. 과거의 카르마 에너지를 정화하여 풀어내야만 에너지장이 균형을 회복할 수 있습니다.

의식의 명령과 의도에 따라 에너지가 일하기 시작합니다. 에너지가 일을 완전하게 끝내면 다시 근원에너지로 돌아갑니다. 에너지는 궁극적으로 극성이 없는 중립 상태로 존재합니다. 에너지를 완전히 느끼고 체험하면, 에너지는 순환하고 원활하게 흘러갑니다. 완전히 경험이 끝나게 되면, 에너지는 남아있지 않습니다. 하지만 아직 경험이 완료되지 않은 에너지는 세포와 에너지장에 기억으로 축적되어 있습니다.

미완성된 과거의 에너지가 왜 문제가 될까요?

미완성의 에너지는 다시 떠올라 충분히 느끼고 경험되기를 원합니다. 의식은 잠재성을 경험하고 탐구하기 위한 도구로 에너지를 창조했습니다. 미완성의 에너지는 이번 생애뿐만 아니라 전생에서 가져온 에너지들도 있습니다. 전생에 축적한 에너지와 정보도 모두 세포 기억으로 내려 받아 저장되어 있습니다. 미완성의 낡은 에너지에 의해 불편함을 경험하고 있다면, 의식적 호흡을 통해 에너지를 풀어내고 정화해야 합니다.

여러 번의 삶을 거듭하면서 반복적으로 비슷한 체험을 하고 있는 경우가 많습니다. 반복되는 체험을 통해 얻어야 할 영적 교훈이 아직 끝나지 않아, 이번 생애에도 그 드라마나 비즈니스를 계속하고 있는 것입니다. 끝나지 않은 드라마의 처음과 끝을 완전히 바라보고, 무엇 때문에 그 드라마가 반복되는지 통찰을 얻어야 합니다. 건강과 질병, 가난과 풍요, 행복과 불행, 사건과 사고, 대인관계에 관한 다양한 이슈들이 지루하게 반복되면서 불편하게 만드는 이유는 체험을 통해 지혜와 통찰까지 이르지 못했기 때문입니다. 체험한 인생 드라마에서 얻은 성장과 교훈을 자각하고 나면, 더 이상 드라마를 반복하지 않고 끝낼 수 있게 됩니다.

카르마는 영적 성장을 위해 영혼 스스로 선택한 장애입니다. 카르마는 본래 완전한 자아를 탐구하기 위해, 특정한 측면을 부분적으로 왜곡하거나 비활성화시켜 불완전한 상태로 만들어낸 것입니다. 영혼은 자신의 신성을 다양한 측면에서 탐구하려고 정체성을 바꾸어가면서 여러 번의 생애를 체험합니다. 지구체험을 보다 효율적으로 하기 위해서 자신의 특정 부위를 불완전하게 만듭니다. 이것은 간차원 DNA에 코딩되어 있습니다. 인간으로 환생하기 전에 여러 마스터들과 가이드들의 안내에 따라 경험해야 할 인생의 여정을 미리 설계합니다. 이러한 설계는 보이지 않는 간차원 DNA 층에 각인되어 있습니다.

카르마의 종류

카르마는 언제 어떤 방식으로 형성되었느냐에 따라 다음과 같이 분류할 수 있습니다.

첫째, 영적 계보(Spiritual line) 카르마는 물리적 존재로 하강하기 전에 영적 차원에서 형성된 에너지적 불균형을 말합니다. 주로 에너지 게임이나 영적 전투의 상처, 성에너지 등 가장 근본적이고 깊은 주제들과 관련됩니다.

둘째, 혈통적 계보(Blood line) 카르마는 대대로 DNA에 유전된 가족이나 조상의 에너지를 말합니다. 식습관, 체질, 피부색, 생김새 등 육체의 대부분이 부모로부터 물려받은 유전자에 의해 영향을 받습니다. 가족이 공유하거나 대대로 물려오는 유전병이나 유전적으로 취약한 부위는 집안의 과거 역사와 관련됩니다.

셋째, 생애(Lifetime) 카르마는 과거 전생부터 현 생애까지 여러 생애를 살아오면서 누적된 불균형한 에너지를 말합니다. 전생에 미해결된 체험, 탄생 과정에서 받은 충격, 유아기에서 현재까지 기억에 인상적으로 남아있는 트라우마나 사건 사고와 관련됩니다.

넷째, 맹세(Vow) 카르마는 여러 생애를 살면서 자신이나 다른 사람에게 선언한 맹세를 말합니다. 강하게 결심하고 맹세한 약속은 철회하기 전까지, 그 맹세를 지키기 위해 에너지는 계속해서 일하게 됩니다.

다섯째, 탄생각인(Birth Implant) 카르마는 영혼이 인간으로 탄생하기 전에 인생을 설계한 내용을 에너지장에 각인시켜 놓은 생애약정을 말합니다. 인생체험으로 얻어야 할 교훈들, 다른 존재들과의 맺은 영적 합의나 의도, 정체성과 타고난 재능, 인생 전체 여정에 대한 안내와 관련됩니다.

여섯째, 점성학적(Holoscopic), 명리적 카르마는 영혼이 지구에 들어오기 위해 선택한 시간을 의미합니다. 지구와 태양계의 행성 위치에 따라 시간이 정해집니다. 영혼은 인간으로 하강할 좋은 시기에 맞추어 지구에 들어옵니다. 별들의 점성학적 에너지에 맞추어 적절한 시기를 결정합니다. 입태일이나 탄생일을 통해 영혼의 고유한 에너지와 성향을 알 수 있습니다.

이런 6가지 카르마가 성격, 건강과 질병, 부와 가난, 재능과 지혜, 대인관계와 진로 등을 결정하는 배후의 원인이 되기도 합니다. 삶의 목표, 꿈과 비전, 어떤 것을 성취하고 싶은 욕구, 해야만 하는 미션에도 무의식적으로 영향을 줍니다.

카르마의 이중성

카르마는 나와 나의 인생 전반에 걸쳐 다양한 영향을 미치고 있습니다. 설명할 수 없는 두려움이나 질병, 정신적인 질환 등 몸과 마음에 불균형을 일으킵니다. 또 특정한 사람과 갈등, 직업이나 직장의 문제, 경제적인 고통도 카르마의 영향으로 일어난 경우가 많습니다. 카르마는 여러 생애의 경험을 통해 얻는 무의식적인 각인들로 이번 생애의 목표와 방향에 영향을 미치고 있습니다. 나도 모르게 끌리거나 익숙한 것이 있다면 카르마의 잔상이 남아 그럴 수도 있습니다.

카르마는 나쁜 것만 있는 것이 아닙니다. 부자가 되거나, 높은 지위에 오르거나, 아프지 않고 건강하게 살아가며, 지혜롭고 창조적인 능력을 가진 사람들은 좋은 카르마를 가지고 있습니다. 좋은 카르마도 그것을 통해 배워야 할 교훈이 있기 때문에 주어진 것입니다.

카르마와 에너지변화증후군

유전된 카르마로 몸에 결함이 있거나 장기/조직의 기능이 약화된 경우, 질병의 형태로 드러난 카르마의 에너지를 감사로 정화해야 합니다.

여러 생애를 통해 누적된 반복적인 두려움의 체험은 카르마처리가 되지 않아 생기는 것입니다. 카르마적 교훈을 얻지 못한 경우, 불의의 사건 사고를 경험하기도 합니다. 스스로 설정한 인생의 교훈을 자각하고 사랑으로 두려움을 통과해 가야 합니다. 내가 선택한 이번 생애의 모든 것이 다 적절하고 완전함을 이해하고 에너지장에 각인된 카르마 기억코드를 제거해야 합니다.

카르마의 체험이 끝난 사람은 새로운 체험을 위해 또 다른 각인이 주어집니다. 더 이상 카르마적 체험을 하지 않는 사람은 중성적인 각인(Implant)이 주어지고 에너지게임에서 벗어나게 됩니다. 카르마 정화와 관련하여 영적 가이드나 도우미의 지원을 받아야 하는 경우도 있습니다. 최소 3개월에서 몇 년에 걸쳐 에너지변화증후군을 체험하면서 카르마 정화작업이 진행되기도 합니다.

카르마와 DNA

DNA는 전자기적 통신을 하며 지구의 전자기격자에 반응합니다. DNA의 꼬임은 시간, 중력, 자기장, 우주격자 등 간차원적 에너지의 당김에 의해 생깁니다. 간차원 DNA는 12층 24가지 속성을 가지고 있으며 별사면체 안에서 결합되어 있는 구조입니다. DNA는 고정된 것이 아닌, 동적으로 변화하는 시스템입니다. DNA는 우주와 다차원의 정보를 송수신하는 세포통신의 주체이며, 말과 진동으로 재프로그램할 수 있습니다.

감사연습으로 DNA의 왜곡된 카르마 코드를 정화한 후, 상상선언으로 잠재된 DNA를 깨워야 합니다. 주의할 점은 DNA는 전자기기의 전자파와 건물 내 왜곡된 지자기에 영향을 받을 수 있으므로, 건강에 문제가 있는 분은 유해환경을 개선해야 합니다. 전자기적 유해환경을 찾아내고 개선하는 것은 전문적인 상담이 필요할 수 있습니다.

카르마 정화작업

영적 카르마

에너지는 흐름이며 표현입니다. 에고의 컨트롤과 압력으로 표현하지 못한 에너지, 불균형하고 정체되거나 극성이 역전된 에너지는 카르마가 됩니다. 카르마는 미완성 에너지를 의미하며, 카르마에 의해 다양한 삶의 문제들, 인생의 드라마들과 마인드게임들을 만들어냅니다. 카르마의 기억정보는 생체에너지장에 기록되어 있습니다.

우리는 인간으로 태어나기 전에 영적 존재였습니다. 영적 존재는 특정한 영적 그룹 안에서 존재하면서, 다양한 차원의 영적 세계를 체험해 왔습니다.

영적 존재로서 비물리적인 영역에서 가지게 된 특정한 빛과 색, 소리와 기질, 수많은 체험들과 지식들을, 인간으로 태어날 때 함께 가져옵니다. 영적인 불균형과 상처를 해결하기 위해 인생의 드라마가 계획되고, 영혼들의 합의로 인생 게임에서 각자의 역할이 주어지고, 인생의 약정대로 물리적인 현실에서 리얼하게 체험합니다.

영적 카르마는 에너지피딩게임, 성에너지 불균형, 근원과 분리로 인한 상처, 외로움, 우울과 고독, 영적 두려움, 결핍, 특정 계보에만 봉사함, 특정 에너지와 특정 빛에 제한당함, 특정 아젠다만 고수함, 역전된 마이아즘, 질병 등 다양한 양상으로 나타납니다.

나는 인간으로 탄생하기 전에 영적 존재로서
영적 차원에서 경험했던 대립과 갈등, 에너지게임 등의
카르마들을 감사로 정화합니다.
나는 근원과 연결하지 못한 채, 에너지를 끊임없이
빨아들이고 있는 카르마 에너지를 감사로 정화합니다.
나는 몸과 마음에 각인된 영적 가족의 카르마적 이슈를
감사로 정화하고 풀어냅니다.
나는 영혼의 여정 중에 체험했던 모든 상처를 치유하고 감사로 정화합니다.

혈통 카르마

우리는 인간으로 태어나면서 부모와 조상들의 육체적 유전정보를 물려받습니다. 사람들은 가족의 식습관, 생활습관, 신념체계, 가풍, 생활환경, 집안의 분위기 등에 영향을 받습니다. 심지어 가족과 조상의 유전적 약점을 공유하고 선대의 트라우마와 과거기억정보도 물려받습니다. 가족의 일원으로 자라면서 자신의 정체성을 구축해 갑니다. 나는 누구의 자식이며 어느 집안의 사람이라는 정체성에 자신을 가두게 됩니다.

피를 나눈 부모의 질병 패턴을 자식이 물려받은 경우, 유전병이 걸리지 않도록 항상 조심하거나 주의해야 합니다. 이런 육체적 약점은 혈통(Bloodline)의 카르마라고 합니다. 혈통의 카르마를 완전히 끊어내는 방법은 의식적으로 가족의 에너지를 차단하고 정화하는 것입니다.

혈통의 계보에서 오는 육체적 약점과 가계의 유전적 카르마를 감사로 정화합니다.

나는 부모와 조상으로부터 받은 육체적 결함을 감사로 정화합니다.
나는 가족과 가문에서 영향받은 불균형한 에너지를 감사로 정화합니다.
나는 자식에게 전달했던 나의 신념, 가치관, 제약, 감정과 생각들을
감사로 정화하고 자식을 있는 그대로 받아들입니다.
나는 조상의 카르마, 혈통의 카르마, 가족의 카르마를 감사하며
완전히 끊어내고 정화합니다.
나는 나의 진정한 가족인 근원과 연결하고 나자신으로 새롭게 거듭납니다.

생애 카르마

지구에 들어온 영혼은 많은 생애를 반복하며 물리적 삶을 체험합니다. 영혼이 태아 또는 유아와 융합하면서 지구에 기록된 전생의 에너지도 함께 가져옵니다. 전생의 에너지는 육체적, 심리적 결함이나 약점으로 발현됩니다.

지구에 처음 들어온 영혼은 전생의 영향을 받지 않습니다. 전생의 경향성이 몸의 체질과 기질에 반영됩니다. 전생의 카르마가 유익하다면 문제가 되지 않지만 불편하고 유해하다면 정화해야 합니다. 카르마는 동전의 양면처럼 좋은 카르마도 있고 불편한 카르마도 있습니다.

전생에 끝나지 않은 드라마, 교훈과 지혜를 얻지 못하고 반복 재생되고 있는 드라마를 감사로 정화합니다. 카르마는 더 이상 반복하지 않는 지혜로 극복해야 합니다.

나는 전생의 끝나지 않은 에너지와 드라마를 감사로 정화합니다.
나는 지난 생애에 느꼈던 감정을 감사로 정화하고 떠나보냅니다.
나는 전생의 과거자아를 완전히 받아들여 통합합니다.

맹세 카르마

수많은 전생과 이번 생애에 걸쳐, 내가 맺어온 맹세는 나의 삶을 제약하는 가장 강력한 카르마입니다. 결혼식에서 부부간의 맹세, 자식을 낳으려는(또는 낳지 않으려는) 맹세, 사랑과 연애에 대한 맹세, 국가와

왕에 대한 맹세(애국심과 충성심), 돈을 추구하지 않겠다는 맹세, 신에게 봉사하겠다는 맹세 등 수많은 맹세를 해왔습니다. 강력한 맹세는 후생에도 영향을 주어 사랑, 연애, 임신, 대인관계, 신뢰, 충성 등 다양한 분야에 영향을 미칩니다.

맹세는 자신의 세포와 생체에너지장, 심지어 아카식 레코드까지 각인되어 여러 생애에 걸쳐 작용합니다. 전생의 맹세를 종료하지 않고 이번 생애까지 가져올 수 있습니다. 스스로 맹세를 끝내고 종료시켜야 맹세의 제약과 굴레에서 빠져나올 수 있습니다.

나는 전생의 맹세에서 온 삶의 제약들을 감사로 정화합니다.
나는 모든 맹세와 서약을 종료하고 새로운 잠재성을
감사로 수용합니다.

탄생각인 카르마

영혼이 태아와 융합한 후, 탄생의 목적을 잘 실현할 수 있도록 천체의 운행 패턴에 따라 출산시기를 결정합니다. 영혼은 현 생애에서 체험하고 싶은 삶의 교훈과 인생의 흐름을 전반적으로 계획합니다. 영혼의 계획이 기억상실의 행성(지구)에서 살면서 잊히지 않도록 유전자와 생체에너지장에 각인되어 있습니다. 영혼의 계획은 임신기간 중에 하부뇌(뇌간과 소뇌) 형성에 영향을 주고, 하부뇌는 출생 전후의 대뇌 형성에 영향을 미칩니다. 탄생각인에 의해 스스로 알아서 각자의 인생의 여정을 체험해 갑니다.

탄생각인은 이번 생애에서 특정한 교훈과 지혜를 체득하기 위해, 탄생 전에 스스로 선택한 제약과 약점들입니다. 또 타고난 특별한 재능도 해당됩니다. 임신기간과 출산의 환경에 따라 트라우마를 경험할 수 있는데, 이것 또한 탄생각인에 덧씌워져 카르마로 작용합니다.

모든 각인은 오감정보 즉, 이미지, 소리, 촉감, 맛, 냄새 등으로 내면 깊숙이 저장되어 있습니다. 카르마는 현 생애에서 두려움을 느끼는 패턴, 욕망 구조, 타고난 재능과 약점, 개성, 외모, 식습관, 질병패턴, 삶의 목표, 재물, 사건이나 사고, 대인관계의 어려움 등으로 다양하게 표현됩니다.

나는 수정 전후, 배아기와 태아기에 걸쳐 각인된 인생의 계획과 목표,
배워야 할 교훈들을 감사로 정화합니다.
나는 출산 과정에서 겪은 트라우마를 감사로 정화합니다.
나는 탄생각인에 의해 형성된 뇌신경망의 패턴을 정화하고
새롭게 변형시켜 갑니다.

점성학적(명리적) 카르마

수정과 탄생은 천체의 별들과 5행성의 위치에 따라 선택됩니다. 행성들의 중력장과 자기장은 유전자의 발현 패턴에 영향을 미칩니다. 영혼이 지구에 유입하는 시기는 이번 생애에서 배우고자 하는 체험과 교훈에 따라 점성학적(명리적)으로 결정됩니다.

동양에서는 사주, 서양에서는 점성학적인 통계에 의해 체질 특성, 심리적 특성, 성격 패턴, 삶의 목적과 추구 등의 경향성을 판단해 볼

수 있습니다. 첫 호흡이 시작된 탄생일을 기준으로, 영혼의 의도와 삶의 목적 등 다양한 정보를 유추할 수 있으며, 자신을 제약하는 불편한 운명으로 몰아넣는 이유를 짐작해 볼 수 있습니다. 이러한 제약 또한 스스로 선택한 카르마이므로 정화해야 합니다.

충분한 경험으로 교훈이나 지혜를 얻었다면 점성학적 카르마도 놓아주어야 합니다. 아직 충분한 경험이 부족하여 지혜로 승화하지 못했다면, 자신도 모르는 끌림이나 욕구를 쉽게 놓을 수는 없습니다. 준비된 사람만 가능합니다. 운명은 체험을 위해 영혼 스스로 선택한 굴레입니다. 운명을 완전히 수용하고 감사해야 빠져나올 수 있습니다. 영혼의 의도와 선택은 잠재의식에 각인된 정보이므로 의식적으로 알아채기가 어렵습니다. 감사연습으로 영혼의 의도를 숙고해야 합니다. 영혼은 경험하기를 원하고, 그 경험으로 확장하고 싶어 합니다. 판단을 내려놓고 충분히 경험하고 느끼는 것이 중요합니다.

그 누구도 숙제가 없는 인생은 없습니다. 지구는 물질세계를 체험하는 영혼의 놀이터입니다. 영혼의 성장을 위해 지구 게임장에 운명적인 제약이 설정되어 있다는 것을 인정해야 합니다. 이번 생애의 운명, 나도 모르는 삶의 여정, 무의식적인 끌림, 운명 같은 만남, 성격이나 습관들의 경향성 등, 영혼 스스로 선택하고 세팅한 카르마적 제약을 감사로 정화합니다.

나는 내가 선택한 운명적인 제약
(성별, 성격, 체질, 감정, 가족, 관계)을 감사로 정화합니다.

나는 운명을 통해 얻은 지혜와 교훈을 감사로 수용합니다.
*나는 운명의 제약을 감사로 정화하고 새로운 운명을
감사로 수용합니다.*

02 에너지게임

에너지는 잠재성의 표현이며, 표현된 에너지는 흐름 그 자체입니다. 잠재성은 양극성으로 분리되면서 에너지로 표현됩니다. 에너지의 극성이 강해지면 에너지의 파워(힘)도 강해집니다. 근본적으로 에너지와 힘은 잠재성을 표현하고 있는 환상에 불과합니다.

의식은 에너지로 표현됩니다. 의식과 에너지는 항상 같이 존재합니다. 일부 영적 존재들이 근원과 분리되면서, 근원의 에너지를 공급받지 못하게 되었습니다. 에너지를 스스로 만들 수도 없게 되자, 생존을 위해 다른 존재들의 에너지를 끌어와 모으려고 했습니다. 이들은 우리와 같은 영적 존재였으나 현재는 악한 역할을 하는 악동처럼 활동하고 있습니다. 에너지를 모아서 근원으로 다시 돌아가 보려고 했지만, 이미 역전된 에너지를 회복하기가 힘들었습니다. 악동들의 생존을 위한 영적 전투 과정에서 에너지를 빼앗고 착취하는 에너지게임이 시작되었습니다.

영적 존재들도 인간처럼 에너지게임에 빠져 있습니다. 에너지를 취하는 방식은 다양합니다. 주위와 다른 사람의 에너지를 스펀지처럼 흡수하는 민감한 사람도 있고 상대방의 에너지를 자석처럼 끌어당기는 사람도 있습니다. 근원으로부터 분리되어 '길을 잃은 존재'들은 에너지를 구걸하고 배고파합니다. 스펀지와 자석처럼 에너지를 끌어당기는 에너지게임은 물리적 현실에서 돈, 명예, 인기, 관심, 존중, 사랑, 위로를 받으려고 온갖 책략을 구사합니다. 에너지를 고상하게 모으려는 명상이나 수련에 집착한다면, 그것 또한 에너지게임이 될 수 있습니다.

에너지는 무한한 잠재성에서 항상 주어지고 있습니다. 에너지는 의식적인 욕구와 열정에 의해 촉발됩니다. 의식적인 존재인 나는 에너지의 주인으로서 에너지를 사용하기만 하면 됩니다.

나는 의식적, 영혼적 존재로서, 에너지의 주인이 되어,
잠재에너지를 사용합니다.
나는 에너지가 스스로 봉사하고 일하도록 감사로 허용합니다.
나는 에너지게임을 멈추고, 나의 에너지를 빨아 가는
존재들과 단절합니다.

에너지피딩게임

불균형한 의식은 불균형한 에너지를 만듭니다. 불균형한 에너지가 뭉쳐서 에너지체를 형성합니다. 이 에너지체는 약간의 지성을 가지고 있습니다. 에너지체는 흩어져 근원으로 돌아가지 않고, 생명체처럼 생존하고 번식하려 합니다. 에너지체는 근원과 분리되어 스스로 생존할 수 없으므로 에너지를 외부에서 착취하려고 합니다. 불균형한 에너지체가 몸과 마음속에, 그리고 생체에너지장에 자리 잡고 있으면서 생명에너지를 빨아 갑니다. 극성이 역전된 어두운 에너지체를 마이아즘(Miasm)이라 합니다.

이 에너지는 돈, 명예, 마약, 약물, 기호식품 등에 집착하게 만들어 몸을 불균형하게 만들고, 불균형한 몸의 에너지를 착취해 갑니다. 화를 내거나 두려운 감정을 일으키고, 사건 사고에 휘말리게 하여, 마음을 불균형하게 만들어놓고, 이때 생성되는 감정 에너지도 훔쳐 갑니다.

가끔은 기분을 좋게 해주고, 일들이 잘 풀려 행복하게 해주면서, 긍정적인 에너지를 만들게 하지만, 그 에너지도 훔쳐 갑니다. 바이러스와 기생충같이 내 안이나, 내 주변에 달라붙어 에너지를 취해 갑니다.

에너지 사념체로 에너지가 고갈나면 다른 사람들에게서 에너지를 얻기 위해 힘든 척, 아픈 척 마인드게임을 하게 되고, 잘난 척, 사랑스러운 척, 기쁜 척, 감사한 척 하면서 관심을 끌려고 합니다. 이런 사람들과 오래 같이 있으면 에너지가 빠져나가 고갈된 것 같은 느낌이 듭니다. 영문도 모른 채 허기가 느껴지고, 허기의 빈 공간을 채우기 위해 음식을 허겁지겁 먹게 됩니다.

에너지체에 감염된 상태로 중독에 빠진 사람은 스스로 그것을 처리할 능력을 상실하고, 외부에너지에 휩쓸리면서 살아갑니다. 의식의 상처가 불균형한 에너지체를 끌어들여 붙잡고 있는 것입니다. 에너지체를 먹여 살리기 위해 성적 남용, 지배, 학대, 착취 등 에너지취하기게임에 집착하게 됩니다.

　에너지체의 피딩게임(Feeding Game)을 감사로 정화하고 반입자성 에너지체가 근원으로 돌아가도록 감사로 정화해야 합니다. 근본적으로는 자신의 의식적 상처를 치유하는 데 상당한 시간 동안 감사로 정화해 가야 합니다.

　　　　나는 내가 창조한 에너지체와 외부에서 끌어당긴 에너지체를
　　　　　　　　　　감사로 정화합니다.
　　　나는 에너지체가 근원으로 다시 돌아가도록 감사로 허용합니다.
　　　나는 의식적인 불균형을 치유하는 새로운 의식을 감사로 수용합니다.

 감사연습 Q&A

카르마는 어떻게 정화해야 하나요?

첫째, 유익한 카르마는 축복이므로 카르마를 누리고 즐기면 됩니다. 둘째, 몸과 마음에 문제를 일으키거나 불편한 관계를 만드는 카르마는 정화해야 합니다. 6가지 카르마의 유형에 따라 정화하는 방법이 다양하지만, 일반적인 방법으로 카르마를 에너지정화원리에 의해 처리해야 합니다. 카르마를 완전히 수용하고 경험한 후 반복하지 않는 지혜에 이르는 것입니다. 이미 체험이 끝난 경우, 간차원 DNA에 기록된 카르마코드를 정화하여 제거하고 싶다면, 새로운 힐링코드를 부여받아 카르마처리 작업을 하면 됩니다. 간차원 DNA에 왜곡된 코드를 찾아 역전시켜야 합니다.

카르마처리 작업은 어떻게 하나요?

생체에너지장을 리딩하여 힐링코드를 찾아냅니다. 힐링코드를 부여받은 후에, 카르마처리 작업을 진행해야 합니다. 힐링코드가 담긴 카드를 지니거나 힐링코드를 수용하는 빛의 명상을 매일 실천하여 카르마코드를 정화합니다. 카르마처리로 건강개선, 직업전환, 긍정적 성격 형성, 대인관계의 변화, 잠재능력 개발 등의 효과를 체험할 수 있습니다. 카르마처리는 더 높은 자아의 위대한 선택으로 시작되며, 영적 가족과 영적 도우미의 작업이 함께 진행되어야 합니다. 감사연습을 꾸준히 실천하는 분은 카르마처리 작업도 쉽게 하실 수 있습니다.

방사선에너지에 노출되면 어떻게 정화해야 할까요?

방사선은 의학적인 진단과 치료 과정에서 노출되기도 하고, 방사능 물질을 다루는 업무에 종사하거나, 방사선이 많이 발생하는 지역에 여행을 하거나, 오염된 해산물을 섭취할 경우에 노출될 수 있습니다. 강한 에너지를 가진 이온화 방사선에 노출될 경우, 생체 내의 수분이 이온화되어 활성산소가 발생합니다. 활성산소는 세포의 단백질, 효소, 세포막, DNA 등을 손상시켜 문제를 일으킵니다. 골수, 생식세포, 면역세포 등은 방사선에 민감하여 혈액 질환이나 암이 발생하기 쉽습니다. 방사선도 전자파처럼 잠재적 CTS로 작용하여 몸에 심각한 문제를 일으킬 수 있습니다.

방사선에너지를 정화하려면 음이온이 풍부한 미네랄워터를 활용합니다. 규소, 요오드, 아연, 셀레늄 등의 이온미네랄과 비타민B군을 함께 섭취하면 활성산소를 제거하고, 방사선 물질을 제거하는 데 도움이 됩니다.

유해한 수맥파나 지맥파를 어떻게 피할 수 있을까요?

이유 없이 머리가 아프고, 잠을 설치거나 가위에 눌리고, 악몽을 꾼다면 유해한 환경에너지를 의심해야 합니다. 유해 환경에 노출되면 집안에 냉기가 느껴지거나, 어지럽거나 우울하고 기분이 좋지 않습니다. 좌선성의 유해파도 잠재적 CTS로 작용하면 생체위기관리시스템을 작동시켜 심각한 질병을 일으키기도 합니다.

수맥파나 지맥파는 감각이 예민한 사람들에게 더 영향을 미치고, 감각이 둔하거나 생체에너지장이 강한 사람에게는 영향이 적습니다. 유해파가 발생하는 침대에서 부부가 함께 생활하지만 예민한 체질을 가진 배우자가 더 아프게 됩니다.

수맥파와 지맥파가 교차하는 곳에 거주하면 건강을 해칠 뿐만 아니라, 전자제품까지 고장 내기도 하고, 콘크리트 벽에 금이 가기도 합니다. 이런 곳에 거주하면 평소보다 심박수가 빨라져 불안을 느끼거나 근육이 수축되어 소름과 냉기를 느낄 수 있습니다.

수맥파와 지맥파는 펜듈럼이나 엘로드를 이용하여 측정할 수 있습니다. 수맥의 방향과 폭, 속도를 측정한 후에, 지맥파 라인과 교차 여부를 측정합니다. 감사연습으로 몸과 마음을 정화하고 에너지감지연습을 하면 유해파를 찾아낼 수 있습니다. 에너지를 리딩하는 방법을 배우고 싶다면 해나인의 에너지리딩 마스터 과정을 참고하시기 바랍니다.

전자파는 어떻게 대처해야 하나요?

인체에 영향을 주는 전자파는 주로 극저주파(ELF), 초저주파(VLF), 라디오파(RF), 마이크로파 등이 있습니다. 전자파는 두통, 시력 저하, 백혈병, 뇌종양, 뇌파 혼란, 순환계 이상, 남자 생식기능 저하, VDT증후군, 안질환 유발, 기형아 출산, 불임, 전자파 과민성 당뇨 등에 영향을 미칠 수 있다고 보고되고 있습니다.

각종 전기시설이나 전자제품 등에서 나오는 전자파는 눈에 보이지 않고, 그 피해도 금방 나타나는 게 아닙니다. 그러나 전자파가 오래 누적되면 잠재적 스트레스가 되어 자신도 모르는 사이에 증상이 심해집니다. 전자파는 생체의 온도를 비정상적으로 상승시켜 뇌세포, 눈의 수정체, 고환 등에 영향을 주고, 호르몬계통의 분비이상을 유발합니다.

또 전자파에 유도된 미세유도전류가 Na+, K+ 이온의 전기신호를 교란하여 근육과 신경계통에 장애를 유발할 수 있습니다. 전자파는 극성이 안정된 지구자기장(250~600mG)과 달리 상당히 작은 자기장(2mG 이상)이지만, 극성이 순간순간 바뀌므로 인체에 미치는 영향이 매우 큽니다.

전기전자제품의 전자파 안전거리를 지키고 전자파를 회피하는 것이 최선입니다. 전자파를 완전히 차단하는 것은 현실적으로 불가능합니다. 전기제품을 사용하지 않을 때는 전원 플러그를 뽑아놓습니다. 플러그가 꽂혀만 있어도 전기장 전자파가 발생합니다. 전기매트도 전기장 전자파가 발생하므로 사용하지 않을 경우 플러그를 뽑아두고, 임산부나 어린이는 전기장판을 사용하지 않는 것이 좋습니다. 전구에서도 전자파가 많이 발생하므로 최소 60cm 이상 거리를 유지하고 침실 머리맡에 전구스탠드를 두지 말아야 합니다.

전기장판을 사용하는 분들은 건강에 좋은 식품을 섭취해도 효과를 보기 어려운 경우가 많고, 힐링 과정이 지연되어 건강을 회복하는 것도 어렵습니다. 전자파는 감사연습을 방해하는 요인이 될 수 있습니다. 전자파는 뇌와 심장을 교란하여 더 높은 근원의 에너지를 차단하고 감사에너지를 생성하는 것도 어렵게 합니다. 수면과 명상으로 장시간 사용하는 침대는 전기를 사용하지 않는 것이 좋으나, 어쩔 수 없이 사용해야 한다면 예열한 후에 플러그를 뽑아야 합니다. 전기장판이나 전기침대에서 밤새 따뜻하게 주무시기를 원하는 분은 전기에너지의 선성을 바꾸는 장치나 유해전자파를 중화하는 장치, 또는 전자파를 흡수·중화하는 침구를 활용하면 도움이 됩니다.

03 영적 장애

생체에너지장이 영적 존재들이나 에너지체에 의해 간섭을 받으면, 생체에너지장이 교란되어 영적 장애(영장)가 생기게 됩니다. 영적 장애에 의해 환청, 환시, 피해망상, 감각이상, 정신이상, 다중인격, 상기증, 불면증, 건망증, 두통, 가위눌림, 이명, 의욕 상실, 중독, 도벽, 혼잣말, 공격적 성격, 불안증, 강박증, 악몽, 자살시도 등 원인을 파악하기 힘든 다양한 증상을 경험하게 됩니다.

외부의 영적 존재들은 텔레파시, 채널링, 빙의(중첩)의 방식으로 연결됩니다. 첫 번째, 텔레파시는 먼 거리에 있는 존재와 정보를 주고받는 정신적인 능력을 말합니다. 텔레파시적인 연결은 비교적 안전합니다.

두 번째, 채널링은 고차원의 존재와 정보를 주고받거나, 몸을 일시적으로 내맡겨 주관하도록 허용하는 것을 말합니다. 채널링의 대상은 자신의 상위자아, 마스터, 대천사, 영적그룹, 진화된 외계존재, 지저문명인 등으로부터 영적 수준이 높은 메시지를 전달받습니다.

세 번째, 빙의는 저속한 영가나 조상령, 악령 등에 의해 몸과 마음을 점유(Possession)당한 상태를 말합니다. 빙의한 존재는 살아 있을 때 맺힌 원한과 세속적인 욕망을 해소하기 위해 들어옵니다.

텔레파시처럼 원격통신이 가능한 이유는 두뇌의 생각정보가 전자기장을 발생하고, 전자기장이 생체에너지장을 통해 외부의 지구 전자기장과 우주의 영점장에 연결되어, 원격으로 전달되기 때문입니다. 우주 격자 내에서 생각의 전달 속도는 무한대여서 거리에 관계없이 우주까지 전달될 수 있습니다.

영적 장애는 주로 조상령, 수자령, 지박령, 떠도는 영, 집합령들과 관련되어 있습니다. 영적 장애가 실제 영혼들의 빙의에 의해 일어나기도 하지만, 자신의 과거기억 때문에 일어나기도 합니다. 자신의 과거기억을 치유해도 천도가 되거나, 윤회에 들어간 영혼에게 영향을 미칠 수 있습니다. 예를 들면, 어머니가 살아계실 때 가졌던 나의 불편하고 안타까운 기억을 떠올려 감사로 정화하면, 하늘에 계신 어머니의 영혼도 밝아지게 되고 편안하게 됩니다. 설사 어머니가 다시 육화하였더라도 어머니의 영혼에게 좋은 영향을 주게 됩니다.

영적 장애는 생체에너지장에 문제를 일으키고, 뇌와 장기의 문제로 이어집니다. 실제로는 영적 장애(영장), 생체에너지 장애(기장), 뇌와 장기/조직의 장애가 각 레벨에서 동시에 일어납니다(S-E-B-O축).

지구 근접차원(4D)에서 떠도는 영적 존재들이 많이 있습니다. 이들은 이생에서 못다 이룬 욕망이나 원한을 풀려고 후손에게 접근할 수 있습니다. 후손에게 도움이 되는 메시지를 전달하기 위해 연결을 시도하기도 합니다. 하지만 후손에게 영적 장애만 일으키고 그리 좋은 영향을 주지 못합니다. 대뇌의 전두엽 텔레파시 영역은 다른 차원과 연결되기 쉬우므로 잘 관리해야 합니다. 영적 존재들에게 휘둘리지 않도록 영을 잘 분별해야 합니다. 분별없이 연결되면 다른 영혼들의 카르마를 감당해야 할 수도 있습니다.

신들과 천사들, 붓다들, 가이드들, 도우미들, 수많은 영적 존재들에게 감사하더라도 너무 집착하거나 의존하지 않도록 주의해야 합니다. 자신과 근원을 배제하고 외부의 존재에게 의존하면 결국 상당한 시련과 고난을 겪을 수 있습니다.

또 외부의 영적 존재와 텔레파시나 채널링으로 에너지코드가 연결되면 에너지게임에 빠질 수 있으니 주의해야 합니다. 의식적 불균형과 상처를 치유하지 않으면 저급한 영들을 불러들일 수 있습니다. 만약, 치유할 여력이 안 된다면 에너지코드와 극성을 바꾸어주는 힐링도구를 활용하면 도움이 됩니다.

근원과 연결이 차단되고, 마음이 불균형에 빠지면, 욕망과 결핍의 에너지체(사념체)가 형성됩니다. 에너지체는 유사한 욕망구조를 가진 사람들에게 빙의되거나 감염되어, 수많은 에너지게임들을 만들어냅니다. 에너지체는 영혼적 존재가 아니지만, 창조자의 의도에 따라, 약간의 지능을 가지고 일합니다. 부정적인 에너지체를 만들었다면, 해체하여 잠재에너지로 돌아갈 수 있도록 감사로 정화해야 합니다.

영적 장애(영장)처리

고차원으로 전환하지 못하고 지구근접차원에 머물고 있는 영혼적 존재는 근원과 단절된 채, 가이드의 안내마저 무시하고 떠돌고 있습니다. 이 차원은 자신의 믿음과 신앙이 그대로 투영되어 현실화되기 때문에, 천국처럼 이상적인 현실에 존재하는 영혼도 있지만, 지옥처럼 고통스러운 환영에 빠져 있는 경우도 있습니다. 어떤 영혼은 이생에서 못다 이룬 육체적 욕망을 채우기도 하고, 어떤 영혼은 부활할 날만 기다리며 잠들어 있기도 합니다. 같은 수준의 영혼끼리 모여 그룹을 이루고, 그룹끼리 경쟁하고 에너지를 취하는 에너지게임을 하기도 합니다.

이 차원에 있는 존재들도 가이드와 도우미의 봉사로 깨어날 기회가 주어집니다. 죽은 영혼들도 고차원의 에너지인 생명의 빛으로 정화하면 자연스럽게 고차원으로 전환될 수 있습니다. 공기보다 가벼운 풍선이 하늘로 떠오르는 것처럼, 생명의 빛으로 낡고 무거운 에너지를 정화하면 더 높은 차원으로 상승할 수 있습니다.

개인의 에너지체(사념체)는 자신을 창조한 근원으로 돌아가도록 명령하면 됩니다. 끈질긴 에너지체는 쉽게 해체되지 않을 수도 있지만, 고차원의 빛으로 정화하면 소멸됩니다. 집단의식이 만든 사념체는 에너지가 커서, 집단의 구성원들이 오히려 그 에너지에 휘둘리게 됩니다. 집단의 사념체는 집단의식의 성쇠에 따라 성장하거나 소멸합니다. 집단의 사념체에 나의 에너지를 빼앗기지 않으려면 집단의식에서 나의 의식을 분리시켜야 합니다.

영적 존재에 빙의되거나 에너지장이 중첩되어 있다면, 영적 장애로 고통받을 수 있으므로, 감사연습으로 정화하여 분리시키고, 자신의 에너지장을 강화하여 다시 침범하지 못하도록 보호해야 합니다.

 감사연습 Q&A

10년 전부터 술을 마시기 시작했는데요. 지금은 알코올 중독으로 치료받고 있습니다. 불면증도 심하고 몸이 안 좋습니다. 감사연습을 어떻게 시작하면 좋을까요?

현재 혈압도 높고 부종과 변비도 있다고 하셨는데요. 에너지장을 리딩해 보면, 목과 가슴 부위의 에너지가 막혀있고, 복부와 허리 쪽의 에너지도 정체되어 있습니다. 가장 큰 문제는 머리 부위의 에너지장에 영적 장애(영장)가 있습니다. 이 영장은 20년 전 사건과 관련된 것으로 보입니다. 우울증과 알코올 중독으로 자살했던 친구에 대한 감정적인 공감 때문에 영장이 발생된 것입니다.

의식의 불균형으로 에너지장이 약화된 상태에서, 영적 존재를 불러들이면 영장이 생길 수 있습니다. 에너지장이 취약한 곳으로 침범해 들어오기 쉽습니다. 감사연습으로 자신을 정화하고 에너지장을 강화하면, 천도재 같은 종교적인 의식을 하지 않더라도, 영장이 처리되기도 합니다. 만약 친구의 영혼이 지옥 같은 환영에서 고통 받고 있다면, 소리를 내어 경을 읽어주어도 됩니다. 영장처리 후에 감사연습을 꾸준히 실천하여 몸과 마음을 회복해 가시면 좋겠습니다.

나는 나의 친구가 좋은 곳으로 갈 수 있도록 경을 읽어줍니다.
나는 감사연습으로 정체된 에너지를 풀어내어 감사합니다.
나는 알코올을 해독하고 중독에서 벗어나게 되어 감사합니다.

최근에 남편이 선거에서 패배한 후에 암으로 돌아가셨습니다. 저도 교통사고를 당하고, 가족들에게도 안 좋은 일들이 연거푸 일어나고 있습니다. 어떻게 정화해야 할까요?

돌아가신 조상들 중에 사후처리가 제대로 되지 않은 영혼들이 있습니다. 그 영혼들은 후손에게 불편함을 호소하기 위해 이런 식으로 문제를 일으키기도 합니다. 불편한 조상령이 접근해 오거나, 그 영혼과 접속되면, 그 영혼의 카르마에 의해 후손에게 질병이 생기기도 하고, 뜻하지 않는 사고를 당하기도 합니다. 지금 집안에서 연달아 안 좋은 일들이 일어나는 이유는 시댁의 조상들 때문이며, 그 영혼들이 잘 가시도록 영장처리를 하셔야 합니다.

시댁의 조상 중에 시할아버지와 시할머니에게 감사말하기를 해주세요. 그분들의 영혼이 완전히 변화될 때까지 감사연습을 반복하면, 내가 정화된 만큼 영혼들도 정화될 것입니다.

나는 지금까지 풍요를 누리게 해준 시댁의 조상들에게 감사합니다.
나는 불편한 영혼들을 감사로 승화시켜 천도합니다.
나는 나와 가족들이 경험한 사건들을 감사로 정화합니다.

평소 의욕이 없고 외로움과 불안함으로 오랫동안 우울증에 시달리고 있습니다. 삶이 무의미하게 느껴져 자살을 생각해 본 적도 있습니다. 저도 빙의된 것 같은데 어떻게 정화해야 되나요?

우울증의 원인은 여러 가지가 있습니다. 일반적으로는 남들보다 돈이 없어 가난하거나, 능력이 부족하여 자신이 원하는 것을 할 수 없을 때 우울증이 생깁니다. 또는 실직, 죽음, 이별 같은 비극적인 사건 때문에 우울증이 오거나, 뇌의 염증과 화학적 호르몬의 변화 때문에 우울증이 오기도 합니다.

인간적인 수준에서 오는 우울증과 다르게, 영적인 수준에서 우울증이 오기도 합니다. '나는 누구이고 왜 태어났는가?, 내가 존재하는 이유는 무엇인가?'라는 근원적인 질문을 하고 있다면, 세상의 일이나 사회적 활동에는 무관심하고 다른 사람들과 단절되어 고독한 생활을 하고 있다면, 빙의된 것이 아니라 자신의 영혼 때문에 우울증이 온 것입니다.

영적인 수준에서 오는 우울증은 일반적인 방법으로는 치료하기 어렵습니다. 영혼이 깨어나 성장하고 확장하는 과정에서 우울증이 발생하는 것입니다. 깨어남과 깨달음의 여정에 들어가려면, 일반적인 삶을 살 수 없도록, 마음을 우울하게 만들어야 합니다.

영적인 우울증을 극복하려면, 자신의 영혼이 깨어나도록 마음을 비우고 완전히 허용해야 합니다. 그리고 근원과 분리된 상처를 치유하기 위해 다시 근원과 연결해야 합니다.

*나는 영혼의 깨어남을 위해 마음을 완전히 비우고
감사로 정화합니다.
나는 삶의 의미를 깨닫고 영혼의 성장을 위해 살아갑니다.
나는 나의 근원인 참나와 나자신을 완전히 받아들입니다.*

04 본능

본능(Instinct)의 종류는 수용본능, 정화본능, 존재본능, 영역본능, 모성본능, 관계본능, 방어본능, 번식본능, 통합본능, 치유본능, 균형본능, 공감본능 등 12가지가 있습니다.

수용본능, 정화본능, 존재본능, 영역본능, 모성본능, 번식본능, 방어본능, 균형본능, 치유본능 등은 서브마인드가 주관하고, 관계본능, 통합본능, 공감본능 등은 에고마인드가 주관합니다. 호모 사피엔스인 현생 인류의 본능은 서브마인드와 에고마인드가 결합하여 복잡하게 작동하므로 뇌(마인드)를 구분하는 것은 별 의미가 없습니다.

서브마인드와 본능

에고마인드는 서브마인드(Submind)와 긴밀하게 연결되어 작동하고 있습니다. 서브마인드는 호흡, 수면, 혈액순환, 식욕, 체온, 성욕 등 생존과 번식을 위한 본능을 담당하는 하부의식입니다.

서브마인드는 항상성을 유지하고 있으며, 과거의 기억정보와 카르마적 각인이 저장되어 있습니다. 서브마인드는 외부에서 들어온 감각정보를 필터링하고 편집하여 초고속으로 정보를 처리하고 있습니다. 서브마인드는 몸과 대뇌 사이에서 운동과 감각의 통로 역할을 하고 있습니다.

서브마인드시스템은 소뇌와 뇌간의 뇌신경망 시스템으로 내배엽과 구중배엽에서 기원하는 세포들을 통제하고 관리합니다. 서브마인드는 잠재의식, 또는 무의식 영역을 주관하고, 죽을 때까지 정지하지 않고 일합니다.

생체위기관리시스템(BCMS)은 서브마인드와 에고마인드 두 영역에 걸쳐 작동하는 시스템으로, CTS(갈등, 트라우마, 스트레스)의 충격을 해결하고 인체를 회복하는 본능프로그램입니다.

서브마인드의 본능을 감사로 정화하려면, 깊게 이완하여 본능의 영역까지 들어가야 합니다. 몸을 완전히 이완하고 세밀하게 느낄 수 있어야 합니다.

서브마인드에 감사습관을 무의식화하려면 최소 3~6개월 정도 반복 연습을 해야 합니다. 매일 의식적으로 반복하면 자연스럽게 하부의식에도 습관이 형성됩니다. 무의식화되면 별다른 노력이 없어도 최적화된 창조루틴으로 살아갈 수 있습니다.

뇌파가 알파모드 이하가 되도록 깊게 호흡하면서 이완합니다. 점차 창조공간인 세타모드에 진입하는 것이 익숙하도록 연습해야 합니다. 몸은 이완되어 있지만 의식은 명료하게 깨어있어야 합니다. 뇌파를 낮추어야 서브마인드의 채널이 열리고, 현재의식에서 유입된 정보가 하부의식으로 들어가, 기본 설정값을 바꿀 수 있습니다.

수용본능(소화본능)

수용본능(소화본능)은 먹거리를 잘게 부수고 녹여서 영양소를 흡수하는 본능입니다. 수용본능은 소화기계와 호흡기계와 감각기관에 걸쳐 작동합니다. 음식은 입에서부터 항문까지 소화 흡수하고, 빛은 눈에서 소화 흡수하고, 소리는 귀에서 소화 흡수하며, 공기는 폐에서 소화 흡수합니다. 음식, 빛, 소리, 공기는 다 생명에 필요한 영양소입니다. 음식은 먹거리뿐만 아니라, 음식의 대응물까지 포함합니다. 나에게 영양소처럼 작용하는 돈, 사랑, 주의, 관심, 업무, 관계 등이 음식의 대응물이 될 수 있습니다.

깊은 호흡과 함께 이완하면서 내면의 안전공간으로 들어갑니다. 생명영양소인 음식, 빛, 소리, 공기와 관련된 불편한 과거기억을 감사로 정화합니다.

음식을 삼키는 데 어려움이 있었다면 입과 목구멍의 문제가 떠오를 것이고, 소화하기 힘든 먹거리로 스트레스를 받았다면 위장의 문제로 떠오를 것입니다. 듣기 싫은 소리가 문제였다면 귀의 문제로 떠오를 것입니다. 죽음의 공포를 수용할 수 없었다면 폐의 문제로 나타납니다. 빛에 관한 저항이나 못 볼 것을 보았다는 기억이 있었다면 눈의 문제로 나타날 것입니다.

수용할 수 없고 소화할 수 없었던 일들이 하부의식에 각인되어 문제를 일으키고 있었는지 느껴야 합니다. 가까운 기억은 쉽게 찾을 수 있지만, 오래된 기억은 찾기 어려울 수 있습니다. 느낌을 신뢰하고 느낌을 따라가면서 기억을 찾아보세요.

나는 소화하기 힘든 업무로 내 위장이 고통받았던
기억을 감사로 정화합니다.
나는 듣기 싫은 엄마의 잔소리 때문에 청력이 약해졌던 기억을
감사로 정화합니다.
나는 제대로 세상을 직시하지 않고 회피하면서 보지 않으려 했기에
시력이 약화되었음을 이해하고 감사로 정화합니다.

정화본능(배출본능)

정화본능은 우리 몸에 불필요한 찌꺼기, 노폐물, 독소 등을 배출시켜 제거하는 본능입니다. 정화본능은 불쾌한 감정, 불필요한 생각, 감당하기 힘든 일, 모욕, 비난, 배신, 소화할 수 없는 분노, 수용할 수 없는 상황 등을 세포적 수준에서 정화하고 제거합니다.

장내에서 연동운동으로 이동하여 배출할 수 없는 음식물이나, 생각들, 너무 많은 업무 등으로 정체될 때 설사나 변비 같은 문제가 생깁니다. 특히 변비는 해결책을 찾기 위해 기다리면서, 아직 소화가 되지 않는 어떤 일이나 상황이 있음을 의미합니다. 소화하기 힘든 음식물, 소화할 수 없는 분노, 감당하기 힘든 상황이 있다면 위장관계(Gastrointestinal Tract)에 영향을 줍니다.

소화할 수 없는 모욕, 괴롭힘, 배신, 비난, 부담스러운 것을 배출하기 힘든 경우 S장 결장이나 직장에 문제를 일으킬 수 있습니다. 대변뿐만 아니라 기분 나쁜 감정들, 쓰레기 같은 불쾌한 것들을 배출할 수 없을 때도 대장이나 직장에 영향을 줄 수 있습니다.

정상적인 배출이 힘들어져 정화본능에 문제가 생기면, 생체위기관리 시스템이 작동합니다. 정화작업이 시작되면 다양한 증상이 유발됩니다.

깊게 호흡하고 이완합니다. 뇌파가 알파모드 이하로 내려가면, 정화본능에 문제가 있는지 몸을 살펴봅니다. 위, 소장, 대장을 따라 배출이 잘되고 있는지 느껴봅니다. 음식물뿐만 아니라 불쾌한 감정이나 부정적인 생각들이 배출되지 않고 있는지 느껴봅니다.

> 나는 항상 완전하게 배출하는 정화본능에게 감사합니다.
> 나는 배출되지 않은 분노의 에너지가 풀려나 떠나가도록 감사로 정화합니다.

존재본능

서브마인드는 본능적으로 자신의 존재가 없어지지 않으려고 하고, 소속된 집단이나 무리에서 버림받지 않으려고 합니다. 생존의 위협에서 벗어나 자신의 존재를 유지하고 생명을 유지하려고 합니다. 존재본능은 육체를 구성하는 세포들이 죽지 않고 존재하기 위해서 작동하는 본능프로그램입니다.

존재본능은 주로 물과 관련되어 있습니다. 생물의 기원이 바다에서 시작되어 진화되었기 때문에, 생명체는 물에서 분리되는 것을 두려워합니다. 물이 없는 것은 곧 죽음이며, 존재의 상실임을 의미합니다.

물이 공급되지 않거나, 물에서 분리되면 본능적으로 생존에 위협을 느낍니다. 물은 존재의 환경이며 안전한 공간을 의미합니다. 안전한 집이나 일터, 가족이나 소속집단도 존재에 필요한 안전한 환경이 될 수 있습니다. 집을 잃거나 직장에서 쫓겨나거나, 소속된 단체에서 버림받았다면 존재에 대한 위협을 느낄 수 있습니다.

안전한 공간에서 분리되거나, 자신이 사용할 수 있는 자산이 거의 없거나, 다시 원래대로 되돌아갈 수 없게 되거나, 방어할 수 없는 상태가 오랫동안 지속되면 존재본능에 의해 생체위기관리시스템이 작동합니다.

존재본능이 자극받으면 물과 관련된 신장에 문제가 생길 가능성 있습니다. 어린 시절 가족으로부터 분리되거나, 집에서 쫓겨난 경험이 있거나, 학업을 위해 원하지 않는 유학을 가거나, 부모로부터 학대를 받았던 경험이 있는 경우 존재에 대한 위협을 느꼈을 수도 있습니다. 가용자산이 없어 빚 독촉에 시달린 경우나 배우자의 폭력, 이혼, 사별 등 불안한 가정환경에서도 존재에 대한 위협을 느꼈을 수도 있습니다. 자신의 존재를 위협하는 상태가 지속되면 신장(Kidney) 기능에 문제가 생길 수 있습니다.

깊게 호흡하면서 이완합니다. 알파모드 상태에서 존재본능에 문제가 있는지 잘 살펴봅니다. 존재를 위협하는 잠재된 기억들이 물을 정화하고 배출하는 신장 부위에 영향을 주고 있는지 느껴봅니다. 존재를 위협하는 감정이나 생각들을 감사로 정화합니다. 자신이 안전한 공간에서 편안하게 존재하고 있다는 느낌을 느끼고 상상하는 것도 도움이 됩니다.

> 나는 존재를 위협하는 모든 기억들을 감사로 정화합니다.
> 나는 존재를 위협하는 모든 환경들에서 벗어나
> 새롭게 선택하고 감사로 창조해 갑니다.
> 나는 항상 안전한 물리적, 심리적 공간에
> 존재하고 있음을 느끼고 감사합니다.

영역본능

모든 생물들은 장구한 진화 과정을 통해 최적화된 본능프로그램을 구축해 왔습니다. 인간도 다른 동물과 마찬가지로 본능을 진화시켜 왔습니다. 동물도 인간도 모두 살아가려면, 자신만의 영역이 필요합니다. 자신만의 안전한 공간이 확보되어야 하고, 그 공간이 침해받지 않도록 방어합니다. 다른 사람들이 자신만의 영역을 존중해 주기를 원합니다.

영역은 땅, 자신만의 방, 집, 일터, 학교, 사무실, 직장 등 물리적 공간을 의미합니다. 또 자신이 어떤 물리적 공간 안에 있든지 관계없이 내면의 심리적 안전 공간도 필요합니다. 여성에게는 자신의 몸도 영역이 될 수 있습니다. 여성의 몸이 위협을 받거나 침범당하면 영역본능이 작동하게 됩니다.

영역본능은 존재하는 공간(터)과 그 공간의 경계선을 안전하게 유지하고 확보하려는 본능입니다.

어린 시절에는 어른처럼 힘도 없고 자신의 뜻대로 살 수 없기에, 부모의 뜻과 집안환경에 맞춰 살아야 합니다. 자신만의 방이 없거나 다른 형제자매와 방을 함께 사용해야 하거나, 성적 남용을 경험하거나, 부모님의 권위적인 양육으로 자기 영역의 경계선이 무너지거나, 이혼, 유학 등의 이유로 이사를 하거나 집에서 떠나야 할 때 영역본능에 문제가 발생할 수 있습니다.

영역을 표시하는 동물적인 행동은 주로 오줌을 활용하므로, 아이들이 잠자면서 오줌을 싸는 경우는 주로 영역갈등과 관련되어 있습니다.

성인의 경우 자신만의 안전한 영역은 집, 일터, 사무실, 학교 등이고, 집과 땅의 문제, 원하지 않는 이사, 실직, 퇴직 등으로 영역본능에 문제가 발생할 수 있습니다.

깊게 호흡하면서 이완합니다. 알파모드에 들어가도록 충분한 시간을 가지고 이완합니다. 영역본능과 관련된 기억들을 떠올려 봅니다. 영역을 침해당하거나 존중받지 못했던 경험들, 오줌과 관련된 기억들을 감사로 정화합니다. 자신이 안전한 공간에 존재하고 있음을 충분히 느껴봅니다.

나는 나만의 안전한 영역을 위협하는
모든 기억들을 감사로 정화합니다.

나는 나의 영역을 위협하는 유해 환경에서 벗어나
나만의 영역을 감사로 창조해 갑니다.
나는 항상 안전한 공간에서
나의 근원과 함께하고 있음을 느끼고 감사합니다.

모성본능

서브마인드에는 번식하고 양육하려는 모성본능 프로그램이 내장되어 있습니다. 엄마는 아기에게 젖을 먹이고 잠을 재우는 안전한 보금자리가 필요합니다. 아이가 아프거나 사고를 당하면 아이를 잘 양육하려는 본능에 문제가 발생합니다.

경제적으로 힘들거나, 집안의 갈등으로 가정이 불안하거나, 남편이 직장을 잃거나 사업을 실패하면, 자식과 가정을 지키기 위해 모성본능이 작동됩니다. 엄마의 모성본능은 돌봐야 하는 자식처럼, 돌봐야 하는 남편이나 가족에게도 동일하게 적용될 수 있습니다.

집(아파트)과 관련된 분쟁이 일어나면 안전한 보금자리를 빼앗길까봐 걱정하게 되는데, 이런 문제들이 장기간 지속되면 모성본능의 상징인 유방에 문제가 발생합니다. 보금자리 갈등은 물리적인 원인보다는 심리적인 스트레스와 관련되어 있습니다. 자신의 가치관, 신념체계, 삶을 대하는 태도에 따라, 예상치 못한 일들이 일어나더라도 어떤 사람은 아무런 문제 없이 지나가지만, 어떤 사람은 너무 심각하게 받아들여 몸에 문제를 일으키기도 합니다.

깊게 호흡하면서 이완합니다. 알파모드에 들어가도록 충분한 시간을 가지고 이완합니다. 모성본능과 관련된 기억들을 떠올려 봅니다. 모성본능을 자극했던 사건, 사고, 트라우마, 스트레스, 갈등의 경험이 있는지 느껴봅니다. 유방과 관련된 문제들이 있었다면 감사로 정화합니다. 자신이 안전한 공간에 존재하고 있음을 충분히 느껴봅니다.

나는 안전한 보금자리를 위협하는 모든 기억들을
감사로 정화합니다.
나는 자식과 가족을 양육해야만 하는 모성본능을 안심시키고
새로운 가정환경을 감사로 창조합니다.
나는 안전한 보금자리를 가지고 있음을 느끼고 감사합니다.

관계본능

에고마인드는 사랑하는 사람과 관계를 유지하려고 하며, 관계가 깨지는 것을 두려워합니다. 사랑하는 사람은 아내, 남편, 애인, 형제자매, 친척, 친구, 동료가 될 수 있으며, 애완동물도 사람처럼 사랑의 대상이 될 수 있습니다. 사랑하는 대상과 분리갈등이 일어나는 경우 건강에 문제가 발생할 수 있습니다.

관계본능은 가족, 공동체, 단체에 소속해 있으려고 하는 본능입니다. 이별, 죽음, 따돌림, 버려짐 등을 당하지 않으려고 하는 본능입니다. 관계가 깨지는 위기상황이 발생하면 생체위기관리시스템이 작동하여 위기상황을 해결하려고 합니다.

이사, 유학, 이혼 등으로 멀리 떨어져 사랑하는 아이들과 접촉할 수 없게 되는 경우에도 관계본능에 문제가 발생할 수 있습니다. 반대로 원하지 않는 관계를 지속해야만 하는 경우에도 문제가 됩니다. 접촉하기 싫은 대상을 집 안이나 직장에서 매일 봐야 한다면 큰 고통이 될 수 있습니다.

 영혼이 근원으로부터 분리되어 개체화되면서 느낀 고독과 외로움은 천부적인 감정입니다. 이것은 어떤 관계로도 채워질 수 없는 개체의식의 숙명이라고 할 수 있습니다. 관계에 문제가 없어도 외로움을 느끼는 것은 정상입니다.

 관계본능에 문제가 없이 살려면 관계에 너무 집착하지 않는 것이 중요합니다. 집착이 클수록 대인관계에서 힘든 경험을 하기 쉽습니다.

 호흡을 깊게 들이마시고 내뱉으면서 이완합니다. 호흡을 반복하면서 깊은 의식으로 들어갑니다. 관계본능과 관련한 이슈와 기억들을 떠올려 봅니다. 사랑하는 사람과 관계에서 문제가 되었던 기억들을 감사로 정화합니다.

> 나는 사랑했던 사람과 관계가 끊어지면서 느꼈던
> 외로움에 대하여 감사로 정화합니다.
> 나는 만나고 싶지 않았던 사람들과 관계를 끊지 못하고
> 힘들어했던 기억을 감사로 정화합니다.
> 나는 인간적인 집착으로 관계를 끊어내는 아픈 기억을

감사로 정화합니다.
나는 의식이 확장되면서 새로운 관계가 형성되어 가고 있음을
감사로 수용합니다.

관계의 문제는 본질적으로 자기 자신에 관한 문제이며, 자신과의 관계를 먼저 잘 살펴봐야 합니다. 자신에 대한 미움은 다른 사람을 미워하는 것으로 투영됩니다. 마찬가지로 자신에 대한 사랑은 다른 사람을 사랑하는 것으로 투영됩니다.

방어본능

3차원의 물리적 환경에서 생존하려면, 다양한 위협과 공격을 이겨 내야 합니다. 외부의 위협과 공격을 방어하는 본능이 서브마인드에 장착되어 있습니다. 방어본능은 몸과 마음을 보호하기 위해 물리적인 공격이나 심리적인 위협이 발생할 때 작동합니다.

물리적, 생물학적 공격에 대한 방어체계는 피부에서 시작되므로, 방어본능은 주로 피부(Epidermis)에 문제를 일으킵니다.

공격은 접촉과 관련되어 있습니다. 사랑으로 접촉하는 것은 문제가 되지 않지만, 공격적인 접촉이나 원하지 않는 접촉을 해야 할 경우에는 방어본능이 작동합니다. 방어본능은 관계본능과도 밀접하게 관련되어 있습니다.

부부나 애인 관계에서도 원하지 않는 접촉이 이루어질 경우 방어본능이 작동합니다. 방어본능은 물리적 폭력과 이에 준하는 모든 공격 양상에 반응하여 작동합니다. 공격 양상은 폭행, 언어폭력, 성폭력, 학교폭력, 주사나 치료 목적으로 피부에 침습하는 접촉, 몸에 충격을 주는 사건 등이 해당됩니다. 어느 정도까지를 공격으로 인식하는가는 자신의 가치관과 신념체계에 따라 달라집니다.

호흡을 깊게 들이마시고 내뱉으면서 이완합니다. 호흡을 반복하면서 깊은 의식으로 들어갑니다. 방어본능과 관련한 이슈와 기억들을 떠올려 봅니다. 방어로 문제가 되었던 모든 기억들을 감사로 정화합니다.

나는 나의 몸을 보호하려고
힘으로 저항했던 경험을 감사로 정화합니다.
나는 외부의 위협과 공격에 대한
모든 심리적 방어기제를 감사로 정화합니다.
나는 나를 보호하고 방어하기 위해 했던
온갖 생각들과 말들을 감사로 정화합니다.

번식본능

번식본능은 자식을 낳아 종족을 유지하려는 본능입니다. 번식본능의 대상은 자식뿐만 아니라 자식처럼 여기는 배우자, 형제자매, 친척, 친구, 애완동물까지 해당될 수 있습니다. 결별, 이혼, 죽음 등으로 자식을 잃거나 자식과 멀리 떨어지는 경우, 상실한 자식을 다시 채우려는 번식본능이 강하게 작동합니다.

아이를 낳고 싶은 욕구, 상실한 자식을 보충하기 위해 아이를 더 낳아야 하는 상황, 아이를 갖고 싶지만 아이를 가질 수 없는 상황, 임신에 대한 두려움 등으로 번식본능이 과도하게 작동하면, 생식기계통(Reproductive System)에 문제가 생길 수도 있습니다.

특히 자궁의 문제는 성과 관련하여 존중받지 못하고 무시당하거나, 추잡한 성적 관계에서 생길 수 있습니다. 남성을 만족시켜야 한다는 강박감, 배우자로서 의무적으로 성적 파트너가 되어줘야 한다는 강박감, 성적으로 매력이 있어야 한다는 생각, 아이를 빨리 낳아야 한다는 생각, 성욕의 주기가 다른 남성과 원하지 않는 성관계를 해야 하는 상황, 남자 파트너가 다른 여성과 바람난 것을 알게 된 경우, 원하지 않는 임신을 한 경우, 사랑하는 애인과 결별하는 경우에 번식본능에 문제가 발생합니다. 남자의 경우, 자식 상실에 대한 갈등은 고환(Testis)에 문제를 일으킬 수 있습니다.

호흡을 깊게 들이마시고 내뱉으면서 이완합니다. 호흡을 반복하면서 깊은 의식으로 들어갑니다. 번식본능과 관련한 이슈와 기억들을 떠올려 봅니다. 임신이나 성과 관련하여 문제가 되었던 모든 기억들을 감사로 정화합니다.

나는 나의 성적욕구를 충족하기 위해서
성을 남용했던 과거 기억을 정화합니다.

나는 아이를 갖고 싶었지만 경제적인 이유로
아이를 가질 수 없었던 기억을 감사로 정화합니다.
나는 원하지 않는 성관계를 할 수밖에 없었던
기억을 감사로 정화합니다.
나는 번식을 위한 성관계에서
사랑을 나누는 성관계로 승화시켜 갑니다.

통합본능

통합본능은 생명체의 모든 기능을 분리하지 않고, 유기적으로 통합하려는 본능입니다. 자신의 일부를 저항하거나 싫어하거나 비하하거나 미워하면, 그 부분은 전체에서 분리되므로 통합본능이 작동합니다. 분리된 부분을 다시 통합하려고 하는 과정에서 다양한 증상이 발생합니다.

호흡을 깊게 하면서 충분히 이완합니다. 깊은 내면으로 들어가 내가 분리시켰던 부위가 있었는지 느껴봅니다. 통합하지 않은 채 남아있는 몸의 일부분이나, 심리적으로 저항하는 측면이 있는지 찾아봅니다. 저항을 감사로 정화하고 완전히 수용하여 통합합니다.

나는 얼굴이 못생겼다고 비하하면서, 내 얼굴을 부끄러워했던
기억을 감사로 정화합니다.
나는 좀 더 빨리 달릴 수 없어 늘 뒤처지는 다리에 대하여
불만을 가졌던 기억을 감사로 정화합니다.
나는 나의 모든 측면들을 감사로 수용하며 통합해 갑니다.

치유본능

세포에는 수많은 생화학적 프로그램들(Cell Intelligence)이 내장되어 있습니다. 세포 프로그램들은 물질대사뿐만 아니라 인간의 지능을 초월하는 다양한 기능들을 수행합니다. 세포는 과거의 모든 기억정보(Cell Memory)를 저장하고 있으며, 잠재성의 영역에서 미래의 기억정보를 수신합니다. 세포는 다른 세포들과 소통할 뿐만 아니라 외부의 환경과 물리적 우주, 심지어 비물리적인 차원과도 소통(Cell Communication)하고 있습니다.

세포는 스스로 치유하고 재조직하여 손상된 부위를 복구합니다. 세포는 끊임없이 분열하고 분화하면서 몸을 새롭게 만들고 있습니다. 상처를 치유하거나, 낡은 세포를 새로운 세포로 교체하는 작업이 원활하게 진행되려면 충분한 수면이나 휴식이 필요합니다. 치유본능은 치유를 촉진하기 위해 안전한 공간에서 편안한 마음으로 존재하려는 본능입니다. 세포가 재생작업을 잘 할 수 있도록 마음을 끄고 몸을 방해하지 않아야 합니다.

깊게 호흡하면서 이완합니다. 몸을 느끼면서 깊게 호흡합니다. 상처나 손상된 부위를 복구하고 있는 세포들에게 감사합니다. 세포들이 일할 수 있도록 편안하고 안전한 공간에서 잘 자고 휴식을 취합니다.

나는 매일 새로운 세포로
새롭게 재생되고 있음에 감사합니다.

나는 안전한 공간에서 잠을 자고
충분한 휴식시간을 가질 수 있어 감사합니다.
나는 나의 세포들이 완전하게 나의 몸을
재생할 수 있도록 감사로 허용합니다.

균형본능

서브마인드는 에고마인드가 쉬는 동안에도, 쉬지 않고 몸을 관리하고 제어합니다. 체온이 낮아지면 체온을 일정하게 유지하기 위하여 피부를 수축하고, 신진대사를 촉진하며, 열 발산을 방지하고 몸이 떨리게 하는 등 체온을 일정하게 유지하려는 프로그램이 작동합니다. 운동을 하면 부족해진 산소를 더 많이 흡수하기 위해서 호흡이 가빠지게 하는 프로그램이 작동합니다.

서브마인드는 체온, 혈당, 혈압과 맥박, pH, 산소와 이산화탄소, 호흡 등의 균형을 맞추고 있습니다. 균형 본능은 몸의 항상성(Homeostasis) 유지프로그램에 의해 작동됩니다.

깊게 호흡하면서 몸과 마음을 이완하고 편안하게 합니다. 안전한 공간에서 충분한 시간을 갖고 호흡합니다. 내 몸의 항상성을 유지하는 균형본능에게 감사합니다.

나는 몸을 일정하게 유지해 주는
항상성 유지프로그램에게 감사합니다.

*나는 몸의 균형을 무너뜨려 질병을 경험했던
과거기억을 감사로 정화합니다.
나는 균형본능이 완전하게 작동하고
있다는 것을 신뢰합니다.*

공감본능

에고마인드는 소속된 집단에서 좋은 관계를 유지하려고 합니다. 생명체는 집단 안에서 보호받고 안전하게 생존하기 위해서, 구성원과 서로 관계를 맺고 공감하는 능력을 갖게 되었습니다. 아프거나 약한 구성원을 동정하고 위로하고, 때로는 대신 아파주고 싶은 마음을 갖기도 하고, 다른 구성원 대신 자신을 희생하기도 합니다.

공감본능은 소속 집단의 구성원을 사랑하거나, 사랑받으려는 본능입니다. 공감과 애정은 공동체를 유지하는 기본적인 본능이라 할 수 있습니다.

과도한 공감과 라포(Rapport) 형성은 오히려 다른 사람의 부정적인 에너지를 끌어들여 자신이 대신 처리하게 만듭니다. 다른 사람의 에너지 때문에 공감피로를 경험합니다. 심지어 라포로 연결된 사람의 질병까지 떠안아 대신 아프기도 합니다. 근원에서 떨어져 나온 에너지는 스스로 존재할 수 없어 달라붙기 쉽습니다. 근원과 연결된 사랑의 에너지는 자유롭게 흐릅니다.

깊게 호흡하면서 이완합니다. 깊은 호흡을 반복합니다. 누군가를 대신해서 아파주고 희생할 정도로 연민과 동정심을 가졌던 기억이 떠오르면, 그 기억과 관련한 경험과 대상을 감사로 정화합니다. 내가 공동체 구성원을 사랑하거나, 사랑을 요구했던 기억이 있다면 감사로 정화합니다.

나는 다른 사람과 연결되어 예민하게 느끼는
공감피로를 감사로 정화합니다.
나는 다른 사람을 대신해서 아팠던
기억을 감사로 정화합니다.
나는 공감에서 벗어나 극성이 없는
무조건적인 사랑을 나누어 줍니다.

본능과 내면의 아이는 어떻게 다른가요?

본능은 가장 낮은 육체적 자아이며, 생존과 번식 욕구에만 집중되어 있으므로 내면의 아이와 비슷하게 느껴질 것입니다. 내면의 아이는 어린 시절의 상처가 치유되지 않았거나, 욕구가 해소되지 않은 채 남아있는 과거기억과 관련되어 있고, 본능은 생물학적으로 유전된 생존프로그램과 관련되어 있습니다.

내면의 아이를 감사와 사랑으로 치유해 주세요. 본능도 감사로 정화해 주세요. 본능은 정화한다고 본능 자체를 없앨 수는 없습니다. 본능에게 충격을 가하면 위기상황을 처리하는 프로그램이 작동됩니다. 이때부터 몸과 마음의 문제가 시작됩니다. 따라서 본능이 편안하도록 안심시키면 문제없이 살아갈 수 있습니다.

수행자로서 성욕 같은 원초적인 본능을 억제하고 통제하는 것은 어떠한가요?

본능은 지구의 생명체가 진화하는 과정에서 축적한 최적화된 생존전략입니다. 본능을 통제하고 억제하는 것은 매우 힘듭니다. 특히 서브마인드에 의해 작동되는 원초적인 본능은 의식적으로 통제하기가 어렵습니다. 본능을 인위적으로 억제하면 오히려 몸에 심각한 문제가 생길 수 있습니다. 문화문명사회에서 살아가는 현대인들이 함부로 본능을 적나라하게 드러내거나, 본능에 충실하면, 오히려 생존과 번식이 어려워지는 모순에 빠질 수 있습니다.

예를 들어 수행과 금욕으로 최고의 경지에 이르렀다고 해도, 금욕의 계율 때문에 정작 자신의 우수한 유전자를 후세에 전달하지 못하는 모순이 생깁니다. 본능은 각고의 수행으로 우수한 인재가 되어 여성에게 추앙받는 존재가 되도록 자극하지만, 결국은 본능이 원하는 번식은 성공하지 못하고 끝나게 됩니다. 또 아무에게나 성욕을 드러내고 표현하면 여성에게 혐오감을 주어 자신의 매력을 어필할 수 없게 되거나, 여성을 만날 수 없는 감옥에 갇히게 되어, 결국 번식본능을 충족할 수 없게 됩니다.

아무리 수행하고 금욕을 해도 성욕이 올라오는 것은 당연합니다. 수행자로서 성욕을 억제하지 못하는 것을 부끄러워할 필요가 없습니다. 오히려 본능이 작동하더라도 감사로 본능을 안심시키고 편안하게 인정하면 됩니다. 본능은 통제의 대상이 아니라, 안심의 대상입니다. 본능이 올라와도 괜찮다고 자신을 안심시켜 주시면 됩니다.

본능을 충족시키지 못하면 몸과 마음에 질병을 유발하나요?

본능 자체가 질병을 유발하는 것은 아닙니다. 본능이 충족되지 않더라도 생존에 큰 위협이 되지 않는다면 문제가 되지 않습니다. 하지만, 생존과 번식을 위협하는 위기상황이 발생하면 본능적으로 위기관리시스템이 작동됩니다. 일상의 항상성모드에서 위기관리모드로 전환되면 질병이 발생하게 됩니다. 따라서 본능을 위협하지 말고 안심시켜야 합니다. 본능을 지혜롭게, 적절하게 충족해 주면 문제없는 평온한 삶을 살아갈 수 있습니다.

자기 자신에게 진실해야 하는 이유는 무엇인가요?

상담 중에, 내담자들이 자신의 삶을 완전히 수용했다고 주장하지만, 실제로는 그렇지 못한 경우가 많았습니다. 만약 자신의 모든 것을 완전히 수용했다면 몸과 마음의 문제도 해결되어야 합니다. 현재의식은 수용했다고 생각하지만, 하부의식에서는 아직 수용하지 못한 부분이 남아있기도 합니다.

완전히 수용하면 저항이 사라지고 뭔가를 더 해보려고 노력하지도 않습니다. 완전하게 수용하면 긴장이 풀리고 편안해집니다. 내면의 갈등과 싸움이 멈춥니다. 그리고 모든 것이 있는 그대로 완전하기 때문에 뭔가를 더 조작하려고 애쓰지 않습니다. 이렇게 완전한 수용상태가 되어야 치유가 시작됩니다. 수용된 에너지는 변형되고 새롭게 흐르기 시작합니다.

진짜로 수용하기와 가짜로 수용하기는 완전히 다릅니다. 가짜로 수용하는 것은 수용하는 척하는 마인드게임입니다. 수용하는 척하지만 가슴으로, 진정으로 받아들이지 않습니다. 진짜로 수용하고 감사한다면 모든 것이 달라집니다. 완전히 수용하면 고민에서 벗어나게 됩니다. 완전히 수용하면 두려움이 사라집니다.

완전한 수용은 겉과 속이 같으며 실질적인 행동으로 보여줍니다. 진짜 수용하면 불필요한 것, 낡은 것, 정체된 것을 버리게 됩니다. 일부만 받아들이거나 완전히 받아들인 척, 감사하는 척만 하면서, 아무런 변화가 없는 상태로, 그저 편안하고 고요하게만 존재하려고 하는 마음만으로, 변화를 두려워하고 있다면 아직 더 큰 나의 잠재성과 신성을 수용하지 못하고 있는 것입니다.

거짓으로 감사연습을 아무리 많이 해도, 삶은 변하지 않고 자신에게 도움도 안 됩니다. 자신을 수용하는 것이 가장 힘든 과제입니다. 두려움과 걱정으로 어떻게 해야 할지, 어떤 방향으로 가야 할지 모르는 상태에 있더라도, 현재 막히고 꼬인 일들을 완전히 감사로 수용해야 합니다. 완전히 수용하면 달라집니다.

감사하는 척, 연습하는 척 하면서 실제로는 의심하고 두려워하고 받아들이지 못하고 있다는 것을 자신은 알고 있습니다. 다른 사람은 속일 수 있어도 자신은 속일 수 없습니다. 자신에게 진실하지 않으면 효과를 볼 수 없습니다.

나의 현실은 거짓과 위선으로, 척하는 게임으로는 바꿀 수 없습니다. 나의 현실은 나의 내면을 그대로 반영합니다. 나의 현실이 바뀌지 않고 그대로라면, 변화를 진짜로 수용했는지 느껴보시기 바랍니다. 진짜로 수용하면 바뀔 수밖에 없습니다.

다른 사람에게 공감하는 것도 문제가 되나요?

상대방의 에너지에 동조되어 공감하면, 슬픔도 기쁨도 두 배로 커지게 됩니다. 긍정적인 감정에 공감하면 서로 유익하지만, 부정적인 감정에 공감하면 오히려 힘들어질 수 있습니다.

많은 사람을 공감해 주어야 하는 직업을 가지고 있거나, 과하게 공감하는 성향을 가지고 있다면 공감피로로 몸에 문제가 생길 수 있습니다. 그래서 긍정적인 공감은 늘리고 부정적인 공감은 줄여야 합니다. 부정적인 감정에 공감하기보다는 연민(Compassion)하기가 더 유익합니다. 연민은 상대방의 에너지에 동조되지 않고 무극성의 주의만 보내는 것입니다.

무극성의 주의는 아무런 판단이나 감정을 일으키지 않고, 조작하려는 의도도 없이, 의식의 초점을 두는 것을 말합니다. 자신의 빛을 상대방에게 방사하여, 그 빛이 정화하고 치유하도록 자비로운 마음으로 지켜보기만 하면 됩니다. 공감하기보다는 연민하는 것이 서로에게 유익합니다.

감사연습에 대한 편견과 오해들

에고마인드는 심리적 안전지대에서 머물면서 안전한 삶을 유지하려고 합니다. 에고는 자신의 생존에 유리한 정보만을 선택적으로 받아들이고, 자신에게 불리한 정보는 의도적으로 외면하는 확증편향을 가지고 있습니다. 자신이 믿고 싶은 것만 받아들이는 에고의 편향적 특성 때문에 편견과 오해가 발생합니다. 편향된 견해는 생각과 감정의 오류를 발생시키고 인체의 오작동을 발생시킵니다.

감사연습은 자신을 사랑하고 신뢰하기 위한 도구입니다. 감사연습은 나에게만 적용하는 연습이므로 다른 사람들과는 관계가 없습니다. 어떤 방법을 사용하든지 관계없이, 자신의 내면을 정화하고 몸과 마음을 편안하게 만들기만 하면 됩니다. 감사연습은 나의 내면을 정화하는 것이므로 남에게 피해를 주지 않습니다. 감사연습에 다른 사람을 개입시키면 안 됩니다.

감사연습을 잘못 이해하면 다음과 같이 오해할 수 있습니다.

첫째, 감사연습을 하면 고상한 인간이 될 수 있을 것이라는 오해입니다. 감사연습의 목표는 정화입니다. 정화를 하려면 최대한 자신의 감정을 표출할 수 있어야 합니다. 남들에게 잘 보이거나, 남들의 눈치를 보게 되면 자신을 완전하게 표현할 수 없습니다. 감사연습은 고상한 인격을 형성하려는 것이 아닙니다. 순수하게 나를 표현하고 아무런 문제 없이 평온한 삶을 살아가려는 것입니다.

예를 들면 도저히 용서할 수 없는 사기를 당했거나, 믿었던 사람에게 배신을 당해 분노가 치밀어 오른다면, 욕을 하고 화를 내도 됩니다. 자신의 품위를 지키기 위해 분노를 억누르면, 오히려 문제가 더 커집니다. 자신만의 안전한 공간에서 분노의 에너지를 마음껏 표현해야 합니다. 억눌린 감정을 다소 과장되게 표현하고 나면, 내면의 압력이 줄어들어 편안하게 됩니다.

실제로 다른 사람에게 화를 내는 것이 아니므로 아무런 문제가 되지 않습니다. 내가 잠시 화내면서 욕을 퍼부었다고, 내가 아프거나 상대방이 잘못되지 않습니다. 두려워하지 말고 감정을 풀어내야 합니다. 감정적으로 해결되지 않은 에너지가 남아있으면 머릿속에서 미워하는 생각이 맴돌 것입니다. 감정을 자유롭게 풀어내면 건강에 유익합니다.

다른 사람을 사랑하고 존중하기 위해서 분노를 억누르거나, CTS가 없는 것처럼 자신을 위장하면 오히려 건강에 좋지 않습니다. 감정의 응어리와 찌꺼기를 완전히 풀어내고 정화해야 합니다. 마음이 후련해질 때까지 정화하고 나면 더 이상 미워하는 생각도, 분노의 감정도 사라지고 평안해질 것입니다.

몸과 마음이 편안해지면 분노의 대상을 자비와 연민으로 바라볼 수 있게 됩니다. 마음이 편안해야 용서하고 감사로 축복해 줄 수 있는 여유가 생기게 됩니다.

둘째, 감사연습으로 자신을 편안하게 이완시키면 자아가 약화될 것이라는 오해입니다. 감사연습은 자신을 약화시키는 것이 아니라 오히려 자신을 강화시킵니다. 물리적 차원에서 비물리적인 차원으로 의식이 상승하려면 에고를 잠시 정지시켜야 합니다. 에고를 완전히 정지하고 탈출하는 것은 인생의 마지막 순간에, 죽음이라는 차원전환 과정에서 경험하는 것입니다. 이완명상을 하거나, 꿈을 꾸는 동안에도 차원전환을 경험합니다. 잠깐 동안 차원전환을 한다고 에고가 약화되거나 없어질까 두려워하지 않아도 됩니다.

이완연습은 긴장된 운동 근육과 장기를 이완하는 것이므로 에너지의 흐름을 개선하는 좋은 방법입니다. 이완으로 몸을 약하게 만들거나 자신의 영적인 에너지를 약화시키는 것이 아닙니다. 에고를 잠시 내려놓고 장대한 자아를 받아들여 자신을 강화시키는 것입니다. 자신에 대한 완전한 신뢰로 위대한 자아를 받아들인다면 자신의 영적인 파워를 회복하게 됩니다. 자신의 에고를 정복하고 자신을 강화시키는 것은 누구도 대신해 줄 수 없는 자신만의 권리입니다.

셋째, 감사연습이 모든 사람에게 유익하거나 적합하다는 오해입니다. 물리적인 현실에만 초점을 맞추고 바쁘게 살아가는 사람들은 감사연습에 관심이 없습니다.

관심이 없는 사람들에게는 감사연습의 진정한 의미를 전달해도 받아들이지 않습니다. 깨어남과 깨달음의 지점에 도달한 사람만 감사연습의 핵심을 이해할 수 있습니다.

감사연습은 에고-중심의 삶에서 가슴-중심의 삶으로 전환하는 것입니다. 가슴으로 살아가려면 나자신과 우주의 잠재성을 이해하고 받아들여야 합니다. 가슴을 열고 순수하게 자신을 받아들인다면 쉽고 빠르게 삶을 전환시킬 수 있습니다.

하지만 에고가 강하게 저항하면 에고를 정화하는 데 오랜 시간이 걸릴 것입니다. 에고를 안심시키고 에고를 신성과 융합하는 시간이 필요합니다.

넷째, 감사연습은 부정, 무능, 나약, 결핍 등의 어둠을 허용하는 연습이라는 오해입니다. 어둠을 변형시키기 위해서는 어둠을 충분히 수용해 주어야 합니다. 어둠을 수용하는 것은 있는 그대로 조작하지 않고 받아들이는 것입니다. 어둠을 수용하면 어둠의 에너지가 변형되기 시작합니다. 어둠 또한 신성의 일부이므로 신성으로 통합해야 합니다.

어둠은 보편적인 진리가 아닙니다. '나는 할 수 없다, 나는 해도 안 된다, 나는 약하고 아프다, 나는 충분히 가지고 있지 않다.'라는 생각은 에고의 착각과 환영에서 비롯된 생각입니다. 보편적인 진리인 실재는 무한하며 장대합니다. 근원은 무한한 풍요와 에너지를 공급하고 있습니다. 우주는 보편적인 진리에 따라 긍정적인 실현원리로 작동하고 있습니다.

감사연습은 자기변형의 원리로 빛과 어둠을 통합하는 연습입니다. 하나로 통합된 실재는 빛도 어둠도 아닙니다. 만약 내가 점점 더 약해지고 있거나, 무능한 상태로 머물고 있다면, 내가 주체적으로 살아가지 못하고 남들에게 희생당하는 삶을 살고 있다면, 감사연습을 시작하세요. 어둠을 감사하면 어둠에서 빛이 보이기 시작합니다. 빛과 어둠은 하나입니다.

05 부부관계

부부관계가 나빠져 이혼하는 사유는 겉으로는 성격 차이라고 하지만, 실제로는 경제문제, 배우자의 외도, 가족 간의 불화가 가장 많고 그다음이 정신적, 육체적 학대나 건강문제와 관련됩니다. 재혼가정이라면 새로운 자녀와 갈등이나, 유산문제가 추가될 수 있습니다.

초혼인 경우에는, 카르마에 의한 끌림으로 성급하게 결혼 상대를 결정할 수 있습니다. 자신의 이상형을 만나 사랑에 빠져서 결혼을 결정하기도 하고, 부모님을 기쁘게 하려고 결혼을 결정하기도 합니다. 상대방이 너무 결혼하고 싶어 해서 어쩔 수 없이 결혼을 하는 경우도 있습니다. 대부분은 순수하게 사랑을 믿고 앞으로 잘 살 수 있을 것이라는 비현실적인 기대감을 가지고 결혼을 결정합니다.

재혼인 경우에는, 좀 더 현실적이고 이성적인 판단을 한 후에 결혼을 결정합니다. 결혼 경험을 바탕으로 배우자의 경제 능력, 자녀 문제, 성격, 소비 성향, 건강, 이성 관계 등을 고려합니다. 혹시나 성적으로 너무 문란한 삶을 사는 건 아닌지, 너무 부정적인 성격이거나 드센 성격을 가지고 있는지, 실제로 경제적 능력을 가지고 있는지, 심리적으로 나에게 너무 의존하려고 하는지, 자녀와 가족의 관계가 불편하지 않을지 등을 고민하게 됩니다.

초혼이든 재혼이든 자신이 바뀌지 않으면 결혼 생활은 계속 실패하기 쉽습니다. 결혼을 통해 배워야 할 인생의 교훈을 알아채지 못하고 계속 반복 경험만 하는 것입니다. 아무리 좋은 조건으로 결혼을 해도 마인드게임과 에너지게임에서 벗어나지 못하면 부부관계도 무너지기 쉽습니다. 서로 다른 마음 시스템을 가진 두 사람이 만나 다양한 마인드게임을 연출하고, 에너지를 취하려고 온갖 에너지게임을 만들어냅니다. 여기에다 예전의 카르마를 풀어내기 위한 드라마까지 더해지면, 결혼 생활은 또다시 스트레스와 갈등으로 이어지게 됩니다.

행복한 부부관계를 유지하려면 자신의 과거기억을 정화해야 합니다. 상대방을 바꿀 수는 없습니다. 감사연습으로 자신만 바꿀 수 있습니다. 내가 바뀌니까 상대방도 바뀌게 되면 고마운 것입니다. 에고와 카르마를 이해하고 정화하면 남은 것은 사랑과 존중밖에 없습니다. 사랑과 존중으로 배우자를 대하는 것 이외에는 어떤 의무도 부담도 줄 수 없습니다. 영혼적 수준에서 보면 배우자는 지구여행을 하고 있는 동료이며 파트너입니다. 배우자를 영혼의 동반자로 바라보면 사랑과 존중을 할 수밖에 없습니다.

나는 아내가 나를 위해 화를 내어 감사합니다.
나는 남편이 경제적으로 유능하지 않아도 감사합니다.
나는 아내가 드세고 집안을 잘 관리하지 못해도 감사합니다.
나는 아내를 사랑하고 존중합니다.
나는 남편에게 항상 감사합니다.

 **감사연습** Q&A

남편이 바람을 피우고 있는 것 같아 힘듭니다. 어떻게 정화해야 할까요?

모르는 여자에게 전화가 오고, 카톡을 숨기는 남편의 의심스러운 행동에 불안해하고 있습니다. 외도를 모른척해야 하나, 아니면 파헤쳐 응징을 해야 하나 고민입니다. 남편의 바람이 일시적으로 끝날지, 아니면 계속될지도 문제입니다. 결혼 생활부터 자녀문제, 가족과 친척까지 모든 것을 고려하다 보면 어떻게 해야 할지 막막할 것입니다. 남편을 추궁해 보지만 증거도 없어 속 시원하게 밝혀낼 수도 없는 상황입니다.

잠시 깊은 호흡을 하고 이 상황을 완전히 감사하며 느껴보세요. 남편의 행동으로 불편해진 자신의 마음을 먼저 다루어야 합니다. 남편의 문제는 잠시 내려놓고 나의 문제부터 무조건적인 감사로 정화해야 합니다.

나는 남편의 바람으로 부부관계가 깨질까 봐 걱정되어 감사합니다.
나는 남편을 의심하고 있어 감사합니다.
나는 우리 가족이 어떻게 살아야 할지 걱정되어 감사합니다.
나는 부모님에게 걱정을 끼칠까 봐 걱정되어 감사합니다.
나는 혼자 살 자신이 없어 감사합니다.

떠오르는 생각들, 감정들을 모두 감사로 정화하고 마음이 편안해지면 가슴의 느낌이 주어질 것입니다. 남편을 용서하고 넘어갈지, 남편의 외도를 파헤쳐 못 하게 할지, 아니면 남편과 이혼을 할 것인지 느낌으로 알게 됩니다.

머리로 풀어보려고 노력해도 결국은 가슴의 느낌대로 일들이 펼쳐질 것입니다. 가슴의 선택을 저항해도 소용이 없습니다. 삶은 인간의 여정이 아니라 영혼의 여정이라는 것을 아셔야 합니다. 어떤 체험이든지 받아들이고 경험해야 합니다.

아내가 잠자리를 거부하고 속궁합도 안 맞아 이혼을 고민하고 있습니다. 어떻게 정화하면 좋을까요?

겉궁합(성격궁합)은 잘 맞아도 속궁합(성궁합)이 안 맞으면 사랑을 지속하기 힘듭니다. 아무리 어려운 결혼 생활이라도 속궁합이 잘 맞으면 사랑으로 이겨낼 수 있기 때문입니다. 남녀 간의 성주기가 서로 다르고, 생식기와 성에 대한 관념도 서로 달라 속궁합이 안 맞는 경우가 많습니다. 성은 본능의 영역에 속하므로, 아무리 성욕을 참고 아내를 존중해 주려고 해도, 원초적인 욕구불만은 해소할 수 없을 것입니다. 아내도 어쩔 수 없이 의무방어만 할 뿐, 서로 즐기지는 못하게 됩니다.

장기적으로 인생을 보면, 성욕이 왕성할 때도 있지만 성욕이 줄어들어 여유가 생길 때가 옵니다. 남편이 왕성한 성욕을 표출하는 시기임을 감안하여 아내의 허용이 필요합니다. 남편과 아내가 서로 이해하고 상대방의 욕구를 존중해 주면 다양한 방법으로 성욕 문제를 해결할 수 있습니다. 부부의 성향에 따라 내밀하게 보호되어야 할 정보이므로 더 이상은 언급하지 않겠습니다. 상대방의 욕구를 존중하기 위해 감사로 정화하면 도움이 됩니다.

나는 아내가 잠자리를 거부해도 감사합니다.
나는 아내에 대한 성적 불만을 감사로 정화합니다.
나는 아내의 성적 주기와 성향을 존중합니다.
나는 남편의 성욕을 해소할 수 있도록 허용합니다.

합의이혼을 해주지 않아 남편과 이혼소송 중인데요. 어떻게 정화하면 좋을까요?

이미 이혼하기로 결정했다면 이혼을 방해하는 나의 내면을 감사로 정화해야 합니다. 현재 이혼을 앞두고 수많은 고민들과 부정적인 감정들이 남아있습니다. 내면이 잘 정화되어야 이혼소송도 잘 진행될 수 있습니다.

첫째는 이혼으로 인한 경제적인 문제부터 앞으로 혼자 어떻게 살아가야 할지 걱정하는 마음을 정화합니다.

둘째는 친정의 부모님과 가족들이 나를 이해해 줄지 걱정하는 마음을 정화합니다. 친구들이 나를 어떻게 볼지, 창피해서 만나고 싶지 않은 마음도 정화합니다.

셋째는 아이들이 왜 엄마가 이혼을 선택했는지를 이해하지 못하고 있습니다. 아이들을 설득하는 것도 필요합니다. 아이들에 대한 감정을 정화해야 합니다.

넷째는 남편이 아직 이혼을 받아들이지 못하고 혼란스러워 하고 있습니다. 특히 가족과 지인들에게 어떻게 설명해야 할지 고민인 것 같습니다. 이혼을 결정했지만 아직 남편에게 남아있는 미안함도 정화해야 합니다.

다섯째는 이혼소송의 결과에 걱정하고 있는 마음을 정화합니다. 판결이 어떻게 나든지 감사로 수용해야 합니다. 패소하더라도 마음을 잘 정화하면 나중에 때가 되면 합의이혼을 할 수 있습니다.

나는 경제적으로 무능력하고 부족하여도 이혼을
감사로 받아들입니다.
나는 가족과 친구들이 모두 나의 이혼을 받아주어 감사합니다.
나는 아이들이 엄마의 선택을 존중해 주어 감사합니다.
나는 이혼을 받아들이지 못하고 혼란스러워하는 남편에게 감사합니다.
나는 이혼소송 결과를 감사로 수용합니다.

06 연인관계

　연인과 관계가 나빠져 헤어지거나, 일방적으로 이별 통보를 받았다면 가슴이 무너지는 슬픔을 느낄 것입니다. 연인에 대한 그리움에 눈물을 흘리며 밤을 지새웁니다. 얼마 지나지 않아 다시 마음을 다잡고 자신의 잘못을 뉘우칩니다. 그리고 다시 사랑을 제대로 해보겠다는 마음으로 떠난 애인과 재회하기를 원합니다. 하지만 진실로 재회를 원한다면 먼저 자신의 감정을 감사로 정화하는 시간을 가져야 합니다.

　재회하기 전에 불안한 마음에 감정기복이 심해집니다. 참고 기다리면서 자신을 변화시키는 감사연습에 집중하다가도, 보고 싶은 마음에 헤어진 애인에게 전화를 걸거나, 카톡을 보내면 재회에 실패하게 됩니다. 아직 준비가 되지 않은 상태에서 감정적으로 대화가 오가다 보면 재회는 물 건너가게 됩니다. 이렇게 몇 번 좌절을 경험하면 결국에는 내가 먼저 재회를 포기하게 되고, 홧김에 돌발 행동을 감행하거나 애인에게 복수하려고 충격적인 잘라내기를 시도하게 됩니다.

　연락을 끊지 않고 계속 이어가면 점차 불신만 누적되고, 감정 폭발로 폭언을 하거나, 즉흥적으로 결정을 내리게 되어 결국 실패로 마무리됩니다. 재회를 성공하고 싶다면 신뢰를 쌓을 때까지 절대 찾아가거나 연락하지 말고, 감사연습으로 매력적인 자신을 만드는 데 집중해야 합니다.

　이별의 원인은 부정적인 감정과 말투, 좋지 못한 습관이나 행동으로 갈등이 누적되어, 신뢰도 잃고 매력도 잃었기 때문입니다. 근본적으로 원인을 해결하지 않고 조급한 마음에 영영 헤어질까 봐 두려워, 전화 연락을 하거나 찾아가면, 그나마 남아있던 미운 정마저도 완전히 사라지게 됩니다.

감사연습으로 개선된 모습을 자연스럽게 알게 하여, 신뢰와 매력을 회복한 후에 재회해야 합니다. 재회는 이별의 아픔과 외로움을 이겨내고, 자신의 감정을 지배한 자만이 얻을 수 있는 것입니다. 이 방법 말고는 재회를 성공할 수 없기 때문에, 자신의 감정을 통제할 자신이 없다면, 차라리 포기하고 다른 사람을 만나는 것이 낫습니다.

돈을 벌려고 돈을 쫓아가면 돈이 더 멀리 도망가듯이, 애인도 다시 만나고 싶어 매달리면 오히려 도망갑니다. 돈을 버는 것도, 애인을 돌아오게 하는 것도 다 자신의 매력과 신뢰에 달려있습니다.

한 가지 팁을 드리자면, 상대방이 절대 거절할 수 없는 추상적인 나만의 메시지를 던져보세요. 그리고 내가 당당해지고 풍요로워지고 행복해지면 그에 맞는 사람을 만나게 됩니다. 당연히 헤어진 애인도, 나의 당당한 모습을 어떤 경로로든 알게 된다면, 호기심을 가지고 다시 연락이 오게 됩니다.

모든 것은 적절한 시기에 적절한 방식으로 진행되므로, 절대 연연해하거나 매달리지 말고, 자기관리만 잘 하면 됩니다. 자신의 진짜 정체성이 뭔지 알아내고, 자신이 무엇이 되고 싶고, 어떻게 살고 싶은지 명료하게 인식하고, 그것에 맞춰 자신의 삶을 새롭게 디자인하고 실천해

가야 합니다.

이쯤 되면 아무도 부럽지 않고, 아무에게도 연연해 하지 않고, 당당하게 연애를 다시 시작할 수 있습니다. 애착과 증오의 감정을 느꼈던 상대방에 대하여 아무런 감정이 일어나지 않을 때까지 끊임없이 감사로 정화하면, 새로운 연인, 새로운 인연이 찾아올 것입니다.

새로운 만남은 예전과 전혀 다른 수준에서 만남이 이루어집니다. 똑같은 이유로 예전처럼 헤어지지 않을 것입니다. 이번에 만난 상대와는 좋은 관계를 설정해야 합니다. '당신은 아름답고 훌륭하다'고 자주 칭찬하고 인격을 존중해 주면 절대 헤어질 수 없습니다. 예전처럼 상대방을 통제하고 지배하려고 하지 말고, 매달리거나 집착하지도 말고, 나와 동등한 인생의 파트너로 인정하고 존중해 주면 됩니다.

여기에 한 가지 더 필요한 것은 함께 나눌 수 있는 풍요로운 돈만 있으면 됩니다. 마음을 나누려면 결국 돈이 필요합니다. 내가 애써서 번 돈이 아까워 파트너에게 무심하게 베풀지 않으면 관계가 깨질 수 있습니다. 함께 풍요를 나눌 수 있는 여유가 있어야 사랑이 장기간 유지됩니다.

사람은 누구나 자신을 존중하고 사랑해 주는 사람에게 안정감을 느끼게 되어있습니다. 또한 사람들의 마음은 여리고 약하기 때문에 의존할 대상을 필요로 합니다. 그러면서도 영혼은 창조하고 경험하고 확장해 가고 싶어 하므로, 자신의 꿈을 이루도록 도와주면 관계가 더 깊어지게 됩니다. 돈은 본능적인 생존 욕구를 해결하고 영혼의 성장과 체험을 위해서 필요합니다.

동등한 존재로 존중하고 감사하고 사랑해 주는 것은 인정의 욕구와 기대감을 충족해 주고, 분리불안과 결핍의 두려움에서 벗어나 안정감을 갖게 해줍니다. 사람을 사로잡고 애인을 만드는 솔루션은 바로 사랑과 존중, 그리고 나눔에 있습니다. 감사연습으로 이 3가지를 체화하면, 원하는 것을 이룰 수 있을 것입니다.

사람들에게 던질 나만의 메시지란 무엇인가요?

내가 세상을 향해 말하고 싶은 메시지를 한 문장으로 만들어보세요. 자신이 무엇 때문에 사는지, 어떤 목표를 가지고 있는지 한 번에 알 수 있는 문구로 작성합니다. 매일 그 메시지를 감사노트에 적고 감사선언을 반복하여 뇌신경망에 장착해야 합니다. 그러면 그 메시지대로 자신의 현실이 바뀌어 갈 것입니다. 나만의 메시지도, 장기적인 미래비전도 없으면 애인과 이별이 예고된 상태가 되고, 사업도 잘 안되고 사람들도 떠나게 됩니다.

문자로 이별 통보를 받은 애인과 재회할 수 있을까요?

재회를 원한다면, 먼저 왜 그녀가 당신을 좋아했을까 생각해 보세요. 처음 그녀를 만났을 때 그녀가 왜 당신에게 호감을 갖게 되었는지 기억해 보세요. 그녀가 원하는 이상형이 당신 같은 남자였을 수도 있고, 그녀가 원하는 돈을 충분히 가지고 있거나, 그녀의 욕망을 채워줄 능력과 자질을 가지고 있어서 좋아했을 수도 있습니다. 무엇보다도 그녀가 기댈 수 있는 안정감을 느끼게 해주었을 수도 있고, 그녀를 설레게 하는 신비감을 가지고 있었을 수도 있습니다.

문제는 그녀의 욕망을 채워줄 수 없거나, 신비감이 다 드러나 고갈되면 그녀와의 관계가 무너지고 결국 헤어지게 된다는 것입니다. 그녀가 돈만 원했다면 당신의 경제 사정이 어려워지는 시기가 오면 관계가 끝날 것입니다.

연인관계든, 사업적 관계든, 스승과 제자 관계든, 관계를 지속하고 싶다면 상대방에게 끊임없이 뭔가가 더 있을 것이라는 걸 보여주어야 합니다. 신비감과 기대감이 떨어지면, 결국에는 헤어지게 됩니다.

어떤 기대이든 상관없이, 기대감을 크게 심어주면 애인은 당신의 단점을 극복하거나 무시하고, 함께 살아가려고 합니다. 심지어 당신이 요구하는 것들을 다 들어주면서 당신에게 더 적극적으로 다가옵니다.

'돈을 벌어주겠다, 우리의 꿈을 함께 이루어가자, 당신과 신나는 여행을 가고 싶다, 우리가 살 좋은 집을 장만하자, 우리 사업을 같이 해보자, 보람 있는 일을 함께 하면서 돈도 벌자' 하면서 미래의 비전과 희망을 제시하고 함께 노력해 갔다면 어떠했을까요? 애인이 당신 때문에 용기를 얻고, 당신의 칭찬으로 자신감을 갖게 해주었다면, 애인을 사랑과 존중으로 대해주었다면, 비록 그녀가 원하는 욕구를 다 충족해 주지 못했더라도, 헤어지지는 않았을 것입니다.

기대감을 충족시켜 주지도 못하고, 당신에 대한 환상마저 깨져버리면, 그녀는 당신을 원망하기 시작할 것입니다. '너를 만난 것이 후회가 된다, 너에게 사기당한 것 같다, 네 말은 다 거짓말이었다, 내가 미쳤었다, 내가 낚였다, 너에게 더 이상 기대할 것이 없다, 너를 믿을 수 없다, 너한테 실망했다'고 막말을 하면서 헤어질 것입니다.

현실적으로 좋은 남자, 좋은 남편 역할을 잘하고, 돈을 잘 벌어주어야만 만족하는 타입도 있지만, 아직은 좋은 직장도 없고, 돈도 잘 벌어다 주지는 못해도 미래를 기대할 수 있는 남자라면 함께 노력하면서 살아보자는 타입도 있습니다. 지금 당장은 풍족하지 못하지만, 당신의 미래를 보고 기대감으로 살아온 애인에게 실망감을 안겨준다면, 어떤 타입의 애인도 헤어질 수밖에 없습니다.

그럼 다시 재회할 방법이 없을까요?

재회를 하고 싶다면, 다음의 사항을 잘 숙지하고 감사연습을 실천해

보세요. 첫째, 그녀가 원했던 것을 충족시켜 주지 못한 것들, 내가 지키지 못한 약속들, 그녀와 함께했던 기억들, 헤어지면서 받았던 감정적인 상처를 떠올려 감사로 정화합니다. 그녀에게 어떠한 미련이나 후회도 남지 않도록 깨끗이 정화합니다. 그녀에게 당장 연락하고 싶은 마음도 정화합니다. 내 마음이 먼저 편해져야 합니다.

둘째, 당신이 가지고 있는 자질이나 자원을 더 극대화할 수 있도록 감사로 수용합니다. 당신에게 기대감을 다시 갖도록 멋진 모습으로 거듭나야 합니다. 남에게 매력적으로 보이기 위해서는 새로운 목표를 세우고 노력해야 합니다. 당신이 꿈을 향해 나아가고 있다면 저절로 매력이 발산됩니다.

새로운 꿈과 비전을 위해 자기계발에 도전하거나, 새로운 일이나 사업을 시작하거나, 새로운 분야를 배우고 실력을 키워가는 것은 하루아침에 이룰 수 없는 것입니다. 이렇게 장기적이고 추상적인 것은 성취도 어렵고 시간도 많이 걸리므로 오랫동안 기대감을 유지시킬 수 있습니다. 처음에는 진입장벽이 높아 기대감을 심어주기가 어렵지만, 일단 신뢰가 쌓이면 아주 오랫동안 활용할 수 있는 장점이 있습니다.

물질적인 기대감은 빨리 소진되기 쉬우므로, 오래가지 않아 밑천이 바닥나면 다시 똑같은 이별을 경험할 수 있습니다. 절대 돈으로 기대감을 주어서는 안 됩니다.

셋째, 떠난 연인과 재회하고 집 나간 마누라도 다시 돌아오게 하는 최고의 비법은 감사연습입니다. 상대방이 원하는 매력적인 모습으로 살아가려면 감사연습으로 자신의 미래기억을 수용해야 합니다. 미래자아를 끌어와 현실에 구현해야 합니다. 매력적인 미래자아를 진정으로 원해야 합니다.

재회를 위해서 억지로 감사연습을 한다면 절대 성공하지 못합니다. 애인을 만족시키려고 할 필요가 없습니다. 나만 행복하면 됩니다. 최소 21일 감사프로젝트를 실천하여 습관을 만들고, 200일 감사프로젝트를 매일 반복하면서 끊임없이 자신을 업그레이드하여야 합니다.

넷째, 감사연습으로 충분히 변화된 시점이 되면 재회를 준비해야 합니다. 가장 먼저 신뢰를 회복해야 합니다. 애인이 원했던 모습으로 잘 살아가고 있는 것을 보여주는 것입니다. 우연을 가장한 마주침도 가능하지만, 간접적으로 소문이나 SNS를 통해 보여줄 수도 있고, 프로필 사진을 멋지게 꾸며 행복한 모습을 보여줄 수도 있습니다. 헤어진 애인이 혹시나 하는 기대감과 미련을 갖도록 만들어야 합니다.

'그 남자가 내가 요구하는 걸 다시 들어줄까. 그 사람이 내가 원하는 대로 변화될 수 있을까?' 하는 기대를 하면서, 행복해진 당신의 모습을 보고 싶게 만들어야 합니다. 당신이 진짜 변하면 혹시나 하는 마음으로 다시 연락이 오게 됩니다.

이렇게 했는데요. 연락이 안 오면 어떻게 해야 하나요?

애인이 아무 관심이 없다면, 다른 애인이 생기거나, 당신과 영원히 이별한 것입니다. 당신도 이미 행복해졌으니, 차라리 다른 여자와 만나보는 것도 좋은 방법입니다. 이 여자만이 최고의 파트너일 것이라는 착각은 정화해야 합니다.

어떤 분들은 미련 없이 헤어져야겠다고 결단하기도 합니다. 아주 극단적으로 당신에게 질리고 실망하게 하여, 관계를 완전히 정리하려고 합니다. 전화와 문자 차단, 카톡 차단, 신용카드 회수, 경제적 지원 차단, 명의 변경, 받은 선물 돌려주기, 추억이 담긴 사진과 기록 지우기, 환승 연애 하기 등으로 확실한 행동을 보여주면, 헤어지려는 상대방도 더 이상 미련을 갖지 않고 완전히 떠나가게 됩니다. 인간적인 배신감으로 기대감을 완전히 지워버리고, 다시는 이번 생애에 만나지 않도록 이별을 고할 수 있습니다.

이렇게 깨끗하게 잊어버려야, 마음을 정리하고 새로운 만남을 시작할 수 있고, 당신의 일에도 집중할 수 있습니다. 하지만 아직도 가슴에 미련이 남고, 다시 재회하고 싶은 욕구가 있다면, 최후의 선택을 하기 전에 마지막으로 전화하거나, 만나서 설득하려고 합니다. 아쉽게도 대부분 여기에서 거절당하고 맙니다. 떠난 그녀도 뭔가 단단히 마음먹고 선택했기 때문에 자신의 길을 가려고 할 것입니다. 정말 미련이 남아 있다면 앞에서 제시한 4가지 방법을 실천해야 그나마 성공 확률이 높아집니다.

재회를 성공해도 안심하면 안 됩니다. 이후부터가 더 중요합니다. 기대감을 다시 회복하고 신뢰를 쌓아 1~2번은 탐색을 위해 만남이 이어집니다. 이때 당신이 또다시 예전 모습으로 돌아가 버리면, 상대방은 실망하고 영원히 떠나버립니다. 마찬가지로 당신도 변하지 않는 애인의 모습이 싫어서 헤어지고 싶을 것입니다. 나는 변하려고 노력하는데, 상대방은 변하려고 노력도 하지 않으면서, 나에게만 변화를 요구하면 짜증이 날 수밖에 없습니다.

여기에다 경제적으로 서로 힘들면, 같이 사는 것도 답답하고 여유도 없어 서로 스트레스만 받게 되어 결국에는 또 헤어지게 됩니다. 그래서 돈이 없으면 다시 만나도 성공하기가 어렵습니다. 재회 후에 서로 약속한 대로 실천하고 노력하는 모습을 보여주면, 관계가 어느 정도 지속됩니다. 하지만 대부분은 예전의 습관대로 돌아가 버리기 때문에 또다시 헤어지게 됩니다.

애인을 만들기 어렵거나 사람들과 관계 형성이 어려운 분, 관계가 형성된 후에 쉽게 깨지고 헤어지기를 반복하는 분은 자신의 신념과 말투를 바꾸는 자기계발이 필요합니다. 재회하더라도 감사연습을 꾸준히 실천하여 자신을 바꾸어가야 합니다. 감사연습을 하지 않고 예전으로 돌아가면 또 재앙을 맞이할 것입니다.

상대방이 원하는 것을 잘 충족해 주는 사람은 새로운 사람과 쉽게 사귀고 친구도 많이 만들 수 있습니다. 이런 사람은 사업파트너나 조직을 잘 관리하고, 거래도 성공시킬 수 있습니다. 사람들을 잘 관리하고 통제하려면 그 사람들이 원하는 것이 무엇인지 파악하여야 합니다.

아이들이 말을 잘 듣게 하려면 아이들이 원하는 것을 들어주면 됩니다. 마찬가지로 대부분의 사람들이 돈과 사랑을 갈구하므로, 돈이 되게 해주거나 사랑으로 존중해 주면 사람을 얻을 수 있습니다. 내 돈만 챙기려 하고, 서로 나누지 않으면, 사람들은 쉽게 떠납니다. 특히, 부부나 연인 사이는 돈과 사랑에 민감합니다. 돈과 사랑 둘 중에 하나만 부족해도 불만이 생길 수 있습니다. 현실적으로 돈으로 사랑과 존중이 표현되어야 하는 관계이기 때문에 어려운 것입니다.

나는 사랑하는 여친에게 의존하고 매달렸던 기억을
감사로 정화합니다.
나는 사랑하는 남친에게 화내고 불평했던 기억을
감사로 정화합니다.
나는 내가 사랑하는 사람에게 사랑과 존중으로 대하고
항상 감사합니다.
나는 나의 꿈을 실현하는 매력 넘치는 사람이 되어 감사합니다.

07 사업관계

사업을 계획하고 추진하는 과정에 감사연습을 활용하면 도움이 됩니다. 사업을 계획하고 있다면 다음 사항을 고려해 보시기 바랍니다.

첫째, 사랑과 존중의 원리를 사업에도 동일하게 적용해야 합니다. 사업파트너를 사랑하고 존중해 주어야 성공 확률이 올라갑니다. 여기에 기대감을 심어줄 장기적인 미래비전도 제시되어야 합니다.

둘째, 나의 상품과 서비스의 효용성이 얼마나 되는지 살펴보아야 합니다. 돈을 벌고 싶다면 고객의 고민과 불편을 해소하여, 효능감, 만족감, 편리함을 제공해 주어야 합니다. 고객의 문제가 크고 해결하기 어려울수록, 상품가치는 더 올라갑니다. 남들이 필요로 하지 않고, 관심도 없는 상품은 잘 팔릴 수 없습니다.

따라서 내가 원하는 것들을 잠시 내려놓고, 세상이 원하는 것을 찾아보아야 합니다. 의식의 초점이 나에게만 맞추어져 있다면 아직 정화가 덜 된 것입니다. 감사연습으로 마음을 비우고 나면, 남들이 원하는 것에도 관심을 가질 수 있는 여유가 생깁니다. 세상을 위해서 내가 하고 싶은 일을 찾거나, 세상에 도움이 될 혁신적인 아이디어를 떠올려야 합니다.

효능과 기대감이 없는 사업 아이템은 망하기 쉽습니다. 효능은 따지지 않고 나만 좋아서 사업을 하고 있는지 생각해 보아야 합니다. 나는 내 사업 아이템이 잘될 것이라는 기대감을 가지고 있지만, 남들은 아무런 기대와 선호를 갖지 않는다면, 사업 계획을 다시 검토해야 합니다.

 셋째, 고객의 신뢰를 얻기 위한 방안을 모색해야 합니다. 내가 제공하는 상품과 서비스에 대하여 기대감을 심어주는 마케팅을 실행해야 합니다. 나의 상품이나 서비스가 아무리 우수해도 대중의 심리를 파고들어, 대중의 마음을 사로잡지 못하면 상품이 팔리지 않습니다. 나의 욕구와 의도대로 사업이 추진되려면, 대중의 저항을 제거하는 마케팅 전략을 수립해야 합니다. 나의 상품과 서비스에 대하여 고객들이 품을 수 있는 의심, 불안, 두려움, 위험 요인 등을 말끔하게 해소할 대응전략을 세워야 합니다.

 넷째, 내가 사업을 완전히 통제할 수 있는가 생각해 보아야 합니다. 자신이 통제권을 쥐고 있는 사업이어야 성공할 수 있습니다. 내가 통제하지 못하고 누군가에 의해 변동되거나, 다른 사람이 결정한 대로 방향이 바뀌는 사업은 내 사업도 아니고, 성공도 할 수 없습니다.

 다섯째, 내가 아무리 사업 계획을 잘 세웠다고 해도, 내가 통제할 수 없는 외부의 환경요인이나 리스크가 존재합니다. 거의 일어나기 힘든 리스크라도 미리 예측해 보고 예방이 가능한지 고려해야 합니다. 무엇보다도 고객의 불만이 생길 수 있는 여지가 있는지 확인하고, 지속가능하게 성장해 갈 수 있는 사업인지도 생각해 보아야 합니다.

내가 이 사업을 소유하고, 통제하고 있는가?

나는 이 사업으로 자산을 구축하고 시스템 수익화를 실현할 수 있는가?
나의 상품(서비스)은 고객에게 실용적 효능을 줄 수 있는가?
나는 고객과 파트너에게 제시할 메시지와 미래비전이 있는가?
나는 고객을 확보하기 위해 마케팅을 실행할 능력이 있는가?
나는 통제할 수 없는 외부의 요인과 리스크를 예측하고 대처할 수 있는가?
나는 고객의 불만을 처리하고 지속가능한 사업으로
확장해 갈 수 있는가?

위 사항을 잘 검토하고 사업에 도전해야 성공할 수 있습니다. 이 원리는 사업파트너와 고객에 적용되지만, 연인이나 배우자, 심지어 가족 관계에도 적용할 수 있습니다. 예를 들어 이 원리를 연인 관계에도 적용해 보겠습니다.

1. 통제

상대방을 사랑하고 존중하겠다는 마음이 지속되도록 자신을 통제할 수 있어야 합니다. 내 생각과 감정을 제대로 통제하지 못하면 사랑과 존중에서 벗어나, 내 욕심만 챙기거나 상대방을 무시하고, 화를 내거나 막말하면 결국 이별과 실연으로 관계가 끝나게 됩니다. 통제해야 할 대상은 상대방이 아니라 내 마음입니다.

2. 자산구축과 수익시스템

공동의 풍요를 구축할 수 없다면 언젠가는 경제적 이유로 헤어집니다. 서로가 내 인생의 자산이며 소중한 수익시스템의 일부가 되어야 서로를 필요로 하게 됩니다. 같이 살아갈 자산이나 수익이 없다면 결국 이별하게 됩니다.

3. 미래비전과 기대감

서로 같은 목표를 가지고 미래가치를 실현할 수 있다는 기대감을 가지고 있어야 합니다. 서로 의지하면서 풍요롭게 살아갈 수 있을 것이라는 비전을 보여주어야 합니다. 기대하는 마음이 사라지면 차라리 혼자 사는 것을 선택하게 됩니다.

4. 감사 마케팅

애인이나 파트너에게도 지속적으로 가치와 기대감을 심어주는 마케팅을 해야 합니다. '사랑합니다. 감사합니다. 존중합니다. 당신 덕분에 일이 잘됩니다.'라고 자주 칭찬하고 격려해야 마음이 식지 않습니다. 가까운 사람일수록 더 감사하고 사랑하고 존중해야 합니다. 감사는 좋은 관계를 유지하는 최고의 마케팅 전략입니다.

감사 마케팅을 실천하면 평생 좋은 관계를 유지할 수 있습니다. 감사하는 마음이 사라지면 연인과 헤어지고 외롭게 살 수 밖에 없습니다. 그나마 남은 인연들도 다 끊어지고 혼자만 남게 됩니다. 모두 다 떠나고, 왜 이렇게 되었는지 자각도 못 한 채, 새로운 만남을 가져보지만, 결국 또 헤어지고 사업도 실패하는 체험을 반복합니다. 사랑은 식을 수 있지만, 감사하는 마음까지 없어지면, 서로 불평하고 싸우게 되는 시점에서 점차 이별을 꿈꾸기 시작합니다.

사업도 연애와 똑같은 원리가 적용됩니다. 둘 다 관계가 중요하고, 관계는 의식과 에너지에 달려있습니다. 그다음이 상품과 서비스입니다.

의식을 확장하면 사업에 도움이 되는 이유는 무엇인가요?

제한된 의식으로, 에고마인드로 세상을 살아가면 고객을 품을 수 없어 사업을 성공하기 힘들고, 연애에서도 상대방을 이해하고 존중할 수 없어 헤어지기 쉽습니다. 확장된 의식으로, 마스터마인드로 살아가면, 아무리 남들이 손가락질하는 관계여도 눈치를 보지 않고 당당하게 살아갈 수 있습니다.

확장된 마음으로 모든 것을 품고 좋은 관계를 유지하면, 평생토록 서로 돕는 파트너가 될 수 있습니다. 하지만 의식이 축소되어 상대방을 수용할 수 없게 되면, 날마다 불평불만을 토로하고, 싸우고 미워하느라 온갖 우여곡절과 풍파를 경험하게 됩니다.

모든 문제는 의식과 관련된 것입니다. 좁은 의식으로는 단 한 순간도 상대방을 인정하고 받아들이기 힘들지만, 가슴을 열고 의식을 확장하면 어떤 고난이 와도 이겨내고 아무런 문제 없이 살 수 있게 됩니다.

의식이 확장되면 '나'와 '너'가 하나로 통합되지만, 의식이 축소되면 '나'와 '너'가 분리됩니다. '너'는 내가 아닌 모든 대상을 말합니다. '너'도 '나'의 일부임을 알고 서로 사랑하고 존중하면 좋겠지만, 분리된 기억을 망각한 채로 서로 경쟁하고 다투게 됩니다. 모든 문제는 분리의식에서 시작됩니다. 분리의식이 강화되면 사업도 성공시키기 어렵습니다.

의식을 확장시켜 파트너와 고객을 사랑하고 존중할 수 있어야 합니다. 사업의 핵심 본질은 고객을 위해 봉사하는 것입니다. 본질에 충실하면 사업은 성공할 수밖에 없습니다.

감사연습을 하면 자산구축에도 도움이 되나요?

감사연습은 자산을 구축하는 최고의 전략으로 활용할 수 있습니다. 왜 그런지 자산구축 과정을 자세히 알아보겠습니다.

자산이란 나에게 돈을 벌어주는 모든 것으로 부동산, 동산, 무형의 지적재산, 정보시스템 등을 말합니다. 반대로 부채는 내가 돈을 지불해야 하는 모든 것으로 월세, 임대료, 시간이 갈수록 가치가 떨어지는 재산이나 이자를 지불하는 것, 소비하고 있는 모든 것들이 해당됩니다.

나에게 월세 수입을 가져다주는 부동산은 실물자산이고, 나에게 수익을 가져다주는 투자자산이나 가상자산, 나에게 소득을 일으키는 도구가 되는 디지털자산 등은 무형의 자산입니다.

나의 돈이 들어가는 부동산 임대료, 내가 살고 있는 집은 내가 소유자라고 하더라도 나에게 소득을 가져다주지 않고, 오히려 은행에 대출 원금과 이자를 내야 한다면, 집이 내 재산은 될 수 있지만 내 자산이라

할 수는 없습니다. 내 자동차가 내 재산이기는 하지만, 수익은 가져다주지 않고 유지비만 들어가므로 자산이 아닙니다.

자산을 구축하는 방법은 수없이 많습니다. 예를 들어 돈을 모아 실물자산을 구입하여 임대소득을 올리거나, 수익을 발생하는 쇼핑몰을 구축하거나, 매월 일정한 수수료를 받을 수 있는 지적재산권이나 저작권을 확보하는 등 다양한 방법이 있습니다. 구독자를 많이 만들어 소득을 올리는 블로그나 유튜브 채널 등도 자산이 될 수 있습니다. 매일 반복해서 블로그에 글을 올리거나 유튜브에 영상을 올려 구독자 수가 늘어나면, 그 정보들이 쌓여 브랜드가 되고, 그로 인해 판매소득, 교육소득, 상담소득, 광고소득 등이 발생하게 됩니다. 이렇게 반복된 노력이 쌓여 자산이 됩니다.

매일 감사연습을 하면, 감사의 뇌신경망이 구축되어 내적 자산을 형성합니다. 그리고 감사연습은 목표를 달성하려는 동기를 부여하므로, 자산을 구축하는 원동력이 됩니다. 자산을 구축하고 싶다면 감사연습부터 시작해야 합니다. 장기간 감사프로젝트를 실천하면서 자산을 만들어가야 합니다.

감사연습으로 자산을 구축하려면 다음 사항을 이해하셔야 합니다.

1. 시스템의 이해

자산을 만들 시스템이 있어야 수익을 실현할 수 있습니다. 시스템이 없으면 직접 시간과 노동력을 투입해야만 돈을 벌 수 있습니다. 전산으로 시스템을 구축할 수도 있고, 인력을 잘 구성해 시스템을 구축할 수도 있습니다. 시스템 수익화는 내가 일하지 않는 동안에도 수익이 발생하는 시스템입니다.

2. 자산의 이해

자산은 수익을 가져다주는 것이지 소유하는 것들이 아닙니다. 수익을 가져다주지 않으면 모두 소모품이나 부채에 해당됩니다.

3. 배가원리와 에너지복사원리

투자 수익을 재투자하여 수익을 증폭하거나 확장하는 것을 의미합니다. 배가는 시스템이 있어야만 가능합니다. 시스템을 복제하면 수익도 배가됩니다. 배가의 원리는 에너지의 복사원리와 같습니다.

에너지는 끊임없이 복사하면서 확장합니다. 에너지가 확장되듯이 사업도 확장하면서 성장해야만 합니다. 감사연습은 감사에너지를 증폭하고 확장시킵니다. 감사에너지를 사업에 불어넣으면, 사업도 확장합니다. 에너지가 확장하지 않고 멈추면 결국 사업도 겨우 명맥만 유지하거나 멈추게 됩니다.

4. 시스템 수익화

시스템이 돌아가면 수익이 발생합니다. 시스템을 돌릴 인재를 양성하고 업무를 위임합니다. 시스템이 자동으로 돌아가면 1주일에 며칠만 일해도 충분합니다. 이때부터 자동으로 수익이 발생하기 시작합니다. 시스템 수익화가 되면 자신을 위해 사용할 자유 시간이 늘어납니다. 자유 시간에 자기계발을 하거나, 에너지를 재충전할수록 사업 확장이 가속화됩니다. 이렇게 시스템으로 자산을 배가시켜 축적하면 부자가 됩니다.

시스템은 본질적으로 의식, 정보(의도), 에너지(물질)의 요소들이 유기적으로 연결되어 구조화된 창조물입니다. 따라서 시스템을 만든 사람의 의식과 의도, 에너지에 따라 시스템 수익화의 성공 여부가 달려있습니다.

5. 메시지

세상을 향해 말하고 싶은 메시지를 작성합니다. 메시지는 가슴에서 우러나오는 열정이어야 하고, 자신을 기쁘게 만드는 것이어야 합니다. 가슴의 메시지는 영혼의 꿈을 담아 작성하고, 메시지를 토대로 사업의 미션과 비전을 세웁니다. 메시지를 감사목록에 추가하여 매일 감사선언을 반복하고, 메시지 실현을 위해 마음을 집중해야 합니다.

6. 목표/상품과 서비스/문제 예방

메시지를 실현할 세부적인 목표를 세웁니다. 메시지와 목표를 방해하는 부정적인 감정과 신념을 정화하고 목표를 감사로 수용해야 합니다. 고객이 원하는 상품과 서비스를 준비하고, 유익한 정보를 제공해야 합니다. 예측 가능한 모든 문제점을 미리 검토하고 예방하는 노력도 필요합니다.

시스템을 통해 문제 해결과 예방에 도움이 되는 정보를 제공하면 고객의 신뢰를 확보할 수 있습니다. 자신만의 경험, 특별한 노하우, 특정 분야의 지식과 기술을 보유하고 있어야 합니다. 특히 자신의 특별한 경험과 노하우는 AI에 노출되지 않도록 잘 관리해야 합니다.

7. 기쁨/신뢰/사랑(JTL)

AI가 흉내 낼 수 없는, 오직 인간만이 할 수 있는 것에 더 집중해야 합니다. 언젠가는 AI가 인간의 감정까지도 흉내 낼 것입니다. 하지만 AI는 인간처럼 영혼적인 존재가 아니므로 진짜 기쁨을 알지 못합니다. 그리고 기쁨은 자기 신뢰와 자기 사랑에서 온다는 것도 이해하기 힘들 것입니다. AI와 생산자동화시스템에 의해 사람들은 더 많은 자유와 여유 시간을 갖게 될 것입니다. 지식으로는 AI와 경쟁할 수 없습니다. 인간만이 할 수 있는 기쁨을 누리는 삶을 추구해야 합니다.

기쁨의 삶으로 가려면, 자신을 신뢰하고 자신을 사랑해야 합니다. 기쁨(Joy), 신뢰(Trust), 사랑(Love)은 인간에게 주어진 영혼의 선물입니다. 감사연습으로 부정적인 마음을 정화하고 기쁨을 회복해야 합니다. 기쁨을 회복하면 관계도, 사업도 잘될 수밖에 없습니다.

8. 자산구축 과정

JTL전환 → 메시지/미션/비전 설정 → 목표/상품/서비스 설정 → 문제예방과 CS구축 → 자산구축 → 시스템 확장 → 시스템 수익화

자산구축 과정의 각 단계에 감사연습을 적용하여 활용합니다. JTL(기쁨, 사랑, 신뢰)를 삶의 목표로 삼고, 감사연습을 하면서 에너지를 바꾸어가야 합니다. 그리고 고객과 세상을 향해 말하고 싶은 가슴의 열정을 메시지로 설정합니다. 그다음은 메시지를 실현할 목표를 설정하고 목표가 자산이 될 때까지 반복적으로 노력해야 합니다. 자산이 쌓여 임계점을 넘으면 시스템이 됩니다.

시스템이 완성되면 복사하여 배가시킵니다. 시스템 수익화가 실현되도록 인재를 양성하고 업무를 위임합니다. 이런 절차로 자산구축과 수익자동화가 실현됩니다. 자신에게 맞는 아이템을 선정하고, 감사연습을 실천하면서 자산을 구축해 보시기 바랍니다.

나는 사업 관계로 만난 모든 사람들을 존중하고 감사합니다.
나는 사업의 미션과 비전을 실현하고 있어 감사합니다.
나는 사람들에게 유익한 사업을 추진하고 있어 감사합니다.
나는 회사의 경영 목표를 잘 달성하고 있어 감사합니다.
나는 고객의 불만을 예방하고 신뢰를 확보하고 있어 감사합니다.
나는 사업 확장으로 자산이 늘어나고 있어 감사합니다.

 **감사연습을 사업의 성공전략으로 적용할 수 있나요?**

감사는 사업, 연애, 관계에서 성공하는 심리 전략으로 활용할 수 있습니다. 감사전략은 감사정화와 감사수용의 두 가지 전술이 있습니다.

여기서 중요한 것은 감사전략이 자신의 마음을 다루는 심리 전략이므로, 자신의 내면에만 적용해야 한다는 것입니다. 다른 사람, 신, 자연, 우주에게 감사한다면 좋겠지만, 내가 원하는 대로 다른 사람들이 반응하거나 세상일이 내 맘대로 돌아가지는 않습니다. 다른 사람이나 세상을 변화시키려는 의도로 사용하면 별 효과를 보지 못합니다.

타인에게는 존중과 사랑의 전략을 사용한다면 최고의 전략이 되겠지만, 그 전략을 구사하려면 감사연습으로 그런 경지에 도달해야 합니다. 내가 상대방을 위해 아무리 감사한다고 해도, 상대방은 자신의 방식대로 반응하기 때문에 내가 원하는 대로 되지 않습니다.

서로 감사하고 존중할 의도가 있는 사람끼리만 적용할 수 있습니다. 나는 감사를 선택했는데, 상대방은 감사를 선택하지 않는다면 서로 다투거나 의견 충돌이 계속될 수 있습니다. 외부 현실을 바꾸려면 많은 시간과 노력이 필요합니다.

더 이상 다른 사람들에게 이래라저래라 하면서 잔소리를 하면 안 됩니다. 아무리 좋은 말이라도 사람들은 쉽게 따르지도 않고, 지시해도 쉽게 바뀌지도 않습니다. 괜히 나만 상처받아 화가 나고, 심지어는 욕설과 폭언으로 불만을 표출하게 됩니다.

감사전략은 나에게만 적용해야 합니다. 오직 자신만 스스로 통제할 수 있습니다. 남을 통제하고 지시하는 것 자체가 본질적으로 맞지 않습니다.

인간을 법이나 도덕으로 통제가 가능한 것처럼 보이는 이유는, 생물학적, 심리적 두려움을 자극해, 생존을 위협하는 보이지 않는 심리장치로 압박을 가하기 때문입니다. 인간은 본질적으로는 통제가 불가능합니다. 인간은 영혼적 존재로서 늘 자유를 꿈꾸는 존재입니다. 그래서 통제, 지시, 감독 같은 전략은 온갖 부작용과 문제만을 만들어내고 결국 실패하게 되는 것입니다.

자신의 내면 현실에 대한 성공전략은 감사허용이고, 자신의 외부 현실에 대한 대응전략은 사랑과 존중입니다.

자기계발의 본질은 자신이 누구인지 아는 것입니다. 자기발견이 되어야 자기정화를 할 수 있고, 자기정화가 되어야 자기성취를 향해 나아갈 수 있습니다. 본질에 충실하지 않으면 결국은 다 실패하게 됩니다. 자신의 에고와 영혼을 잘 이해하고 몸과 마음을 정화한 후에 자기계발을 시작해야 합니다. 본질은 제쳐두고 사업을 성공하려고 하면 잘 안될 것입니다. 본질과 과정을 다 통과해 가야 성공할 수 있습니다.

사업에 마스터마인드를 어떻게 활용할 수 있나요?

마스터마인드는 신성이 에고에 들어와 결합된 마음을 의미합니다. 자신의 근원을 초대하여 마음을 주관하도록 허용하는 것입니다. 신성은 창조자의식입니다. 마스터마인드를 만들려면 상당 기간 마음을 정화하면서 명상을 해야 합니다. 명상과 숙고의 과정을 거치면서 인간적인 관점이 아니라 신의 관점, 영혼의 관점으로 세상을 바라보는 시각이 열려야 합니다. 마스터마인드가 활성화되면 신적 자아와 인간적 자아가 함께 자신의 현실을 주도해 갑니다. 세상을 인간적 관점에서도 바라보지만, 영혼의 관점에서 바라봄으로써 균형 감각을 유지할 수 있습니다.

사업을 진행하면서 사소한 업무부터 중대한 결정까지, 모든 영역에 대하여 마스터마인드에게 묻고 지혜로운 메시지를 받아 적용하면 됩니다. 누구나 자신 안에는 자신을 객관적으로 바라보고 있는 고차원적인 위대한 자아가 있습니다. 위대한 자아가 주는 메시지를 무시하였기에 지금은 퇴화되어 있지만, 그 메시지를 감사로 수용하면 점점 더 메시지가 강하게 느껴질 것입니다.

명상하고 기도를 해도 근원이 나와 함께하고 있다는 느낌이 잘 느껴지지 않습니다. 어떻게 해야 하나요?

근원의 에너지는 미묘하여 잘 느껴지지 않는 것이 정상입니다. 에고는 느낌을 해석하고 감정으로 만들려고 노력할 것입니다. 에고에 의해 왜곡된 느낌을 만들어낼 필요가 없습니다.

기도도 마찬가지입니다. 근원과 연결된 느낌으로 살아가고 싶어서 기도하고, 근원이 나의 소원을 이루어주기를 바라서 기도하지만, 실제로 아무것도 일어나지 않습니다. 근원은 먼저 일하거나 창조하지 않습니다. 근원에게 의존하고 갈구해도, 내가 먼저 행동하지 않으면 아무 효과가 없습니다.

내가 행동해야 근원도 나와 함께 일할 수 있습니다. 근원은 몸이 없으므로 나를 통해 일하는 것입니다. 근원은 나에게 자유의지와 선택할 수 있는 권리를 주었습니다. 인간의 마음은 너무나 나약하고 게을러 자신의 천부적인 자유의지를 쉽게 포기하고 맙니다. 너무나 빠르게 자신의 안전지대로 돌아가 버립니다. 다시 의지를 다잡고 재도전하지만 얼마 지나지 않아 또다시 무너집니다.

자신의 꿈을 실현하는 데 가장 어려운 장벽은 나약한 몸과 마음입니다. 그다음으로 어려운 것이 다른 사람의 마음을 얻는 것입니다. 다른 사람들의 마음과 집단의식에 부딪치면 제대로 도전해 보지도 못하고 좌절하게 됩니다.

이렇게 실패에 익숙한 사람들에게 가장 좋은 방법이 바로, 매일 감사연습을 하는 것입니다. 감사연습은 움직이면서 연습하기 때문에 근원과 함께 일할 수 있습니다. 그리고 실패와 좌절 속에서도 감사연습을 계속하면 다시 재도전할 수 있는 힘을 얻게 됩니다. 자꾸 도전을 반복하면 세상 사람들과 영적 존재들도 감동해 내 편이 되기 시작합니다. 더 이상 나의 도전에 반대하는 세력이 없어지게 됩니다.

돈을 벌기 위해 감사연습을 활용해도 되나요?

몸과 마음을 정화하는 감사연습은 자신과 근원을 대상으로 하지만, 사업을 성공하는 감사연습은 반대로 외부를 대상으로 해야 합니다. 다른 사람에게 감사하려면 먼저 자신을 충분히 정화해야 합니다. 자신의 열등감, 불만, 분노, 고정관념도 정화해야 하고 CTS도 정화해야, 남에게 감사할 수 있는 여유가 생깁니다.

돈을 벌고 싶다면 감사연습을 하기 전에 전제조건이 몇 가지 있습니다.

첫째는 내가 좋아하는 분야, 또는 내가 하고 싶은 분야나 내가 해야만 하는 분야에서 최고의 전문가가 되어야 합니다. 내가 하는 일에서는 누구도 대체 불가능한 최고가 되어야 경쟁력이 생깁니다. 시간만 때우면서 대충 근무하는 직원과 자신의 업무에 최선을 다하는 직원의 연봉은 당연히 차이가 날 것입니다.

예를 들어 내가 상담 분야에 창업을 하려고 한다면, 고객이 나를 찾을 수밖에 없는 최고의 상담 서비스를 제공해야 합니다. 고객의 고민을 해결할 최상의 솔루션도 가지고 있어야 합니다. 고객이 나를 찾아오게 하고, 나에게 돈을 주고라도 만나고 싶어 해야 합니다. 내 분야에서는 내가 최고의 상담사로 인정받아야 합니다.

둘째는 고객이 나에게 자발적으로 돈을 내게 해야 합니다. 고객의 돈을 쉽게 받으려면 고객이 원하는 것을 가지고 있어야 합니다. 고객에게 매력을 발산하려면 자존감과 실력을 향상시켜야 합니다. 그리고 자신의 분야에서 고객보다 월등하게 우위에 있어야 합니다. 자신의 잠재성을 감사로 수용하는 연습을 꾸준히 해야 합니다. 자존감을 높이기 위해 자신을 미치도록 사랑하고 감사해야 합니다. 고객은 존중받기를 원하고 대접받기를 원합니다. 고객에게 원하는 만큼 충분히 존중해 주어야 합니다. 마찬가지로 자기 자신도 충분히 존중하고 자신을 신뢰해야 합니다.

셋째는 고객을 즐겁게 만들 수 있어야 합니다. 고객이 원하는 것만 주고 끝나면 안 됩니다. 고객을 웃게 만들 수 있다면 반드시 추가 매출이 일어납니다. 고객을 만족시키지 못하거나, 고객을 화나게 하거나, 고객을 적으로 만드는 사람은 성공할 수 없습니다. 고객을 웃게 하는 접대 방법과 사후 서비스를 준비해야 합니다. 가장 중요한 것은 고객에게 감사하는 마음을 가져야 합니다. 매일 고객에게 감사하는 연습을 꾸준히 실천해야 합니다.

*나는 내 분야에서 대체 불가능한 최고의 전문가임을
감사로 받아들입니다.
나는 고객이 원하는 최상의 솔루션을 가지고 있어 감사합니다.
나는 고객을 즐겁게 만드는 사후 서비스를 제공하고 있어 감사합니다.
나는 나에게 찾아오는 모든 고객에게 감사합니다.*

Part 3

CTS
힐링

01 생체위기관리시스템

> **생체위기관리시스템의 작동 과정**
>
> 항상성 유지 → CTS활성단계(교감신경 우위) → 힐링1단계(부교감신경 우위) → 힐링위기(호전반응) → 힐링2단계(아물기 과정) → 항상성 유지

CTS란 갈등(Conflict), 트라우마(Trauma), 스트레스(Stress)를 줄여서 부르는 말입니다. 몸과 마음은 CTS충격을 받으면, 이를 해결하기 위하여 생체위기관리시스템과 생물학적 특수프로그램을 동시에 작동시킵니다.

아무런 문제 없이 일상의 삶을 살아갈 때는, 교감신경과 부교감신경이 균형을 맞추면서 항상성(Homeostasis)을 유지합니다. 하지만 외부의 환경요인에 의해 물리적, 정신적 수준에서 CTS가 발생하면, 본능적으로 생체위기관리시스템과 생물학적 특수프로그램이 활성화됩니다.

생체위기관리시스템과 생물학적 특수프로그램은 미처 예상하지 못하거나, 감당하기 힘든 CTS충격일 때만 발동되는데, CTS충격과 동시에 급격하게 교감신경이 항진하여 스트레스 반응을 일으킵니다. CTS충격으로 교감신경이 항진된 상태를 'CTS활성단계' 또는 '갈등단계'라고 합니다.

CTS활성단계에서는 CTS충격에서 벗어나기 위해 온갖 고민을 하면서 잠을 제대로 잘 수 없게 되고, 밥맛도 떨어져 체중이 감소합니다. CTS가 생체에너지장과 뇌에 충격을 주면, 뇌에서 CTS를 처리할 장기와 조직에 명령하여 위기극복에 나섭니다.

교감신경이 항진되면, 손발이 차가워지고 근육이 긴장합니다. 호흡도 짧고 얕아지고, 심장박동이 빨라지면서 혈압도 높아집니다.

미처 준비하지 못한 위기 상황을 빠르게 해결하려면 먼저 감정을 정화해야 합니다. 갈등의 대상을 용서하고 이해하는 것이 중요합니다. 더 높은 관점에서 이 상황을 이해하고, 이 체험을 통해 얻는 이득도 지혜롭게 알아채야 합니다. 삶에서 경험하는 모든 사건들은 더 큰 영적 성장을 위해 주어진 선물입니다.

하지만 CTS가 오랫동안 해결되지 않고 지속되거나, 반복해서 발생된다면, 몸과 마음의 불균형은 더 깊어질 수밖에 없습니다. 예기치 않은 위기 상황에서 배운 교훈을 자각하고, CTS를 종료하는 지혜가 필요합니다. 어떤 식으로든 위기상황이 해결되어 종료되면, 교감신경이 꺼지고 부교감신경이 더 우세하게 작동합니다. 이때부터 손상된 몸과 마음이 치유되기 시작합니다. 부교감신경이 활성화되어 치유하는 단계를 '힐링단계'라고 부릅니다.

힐링단계에서는 긴장이 풀리면서 잠도 잘 오고, 밥맛도 돌아와 체중이 증가합니다. 치유작업이 진행되는 동안에는, 밖에 나가기보다는 집에서 푹 잠을 자면서 쉬고 싶을 것입니다. 손상된 부위는 세포가 증식하여 채워질 것이고, 증식된 부위는 세포가 점차 줄어들면서 정상으로 돌아갈 것입니다. 손발이 따뜻해지고 근육도 이완되면서 혈압도 정상으로 돌아갑니다.

에너지가 균형을 찾아가면서 일시적인 호전반응이 일어나지만, 결국 아픔의 상처는 흔적만 남기고 사라져 갑니다. 이렇게 위기상황을 대처하고 복구하는 프로그램에 의해 몸과 마음은 다시 균형을 회복합니다.

우리의 정신적 자아는 삶을 주도하며 프로그래밍하는 주체입니다. 뇌는 생화학적인 컴퓨터로, 정신적 프로그램을 실행합니다. 몸은 뇌의 프로그램에 의해 물리적으로 행동하고, 삶을 체험합니다. CTS충격에 대응하는 정신적, 영적 자아의 성향에 따라 다양한 방식으로 CTS를 처리합니다.

사람마다 타고난 체질과 유전적 가정환경, 신념과 가치관, 성격에 따라 CTS를 받아들이는 뇌의 부위가 다르고, CTS의 강도와 깊이(시간의 길이)가 다르므로, 이에 대응하는 장기와 조직도 달라집니다. 사람마다 같은 상황에도 다르게 반응하는 이유가 바로 이것 때문입니다.

예를 들어, 어떤 엄마가 아이의 교통사고로 충격을 받은 경우, 자식의 건강과 안녕이 걱정되어 모성본능이 작동하면 유방의 문제로 이어질 수 있습니다. 하지만, 어떤 엄마는 똑같은 상황에서 사고를 낸 사람에게 분노하는 CTS가 발생하면, 유방보다는, 담낭에 문제가 생길 수 있습니다. 각 장기마다 주관하는 감정이 다르기 때문에, 어떤 종류의 스트레스를 받느냐에 따라 다양한 반응이 나타납니다.

CTS에 대응하는 생체위기관리시스템을 정상적으로 종료하기 위해서는 첫째, 지금 자신이 어떤 단계에 있는지 자각해야 합니다. 위기상황단계인지, 아니면 위기종료단계인지에 따라 몸과 마음의 컨디션이 다르게 나타납니다.

둘째, 위기상황을 경험하고 있는 스트레스 상태라면 상황을 빨리 해결하여 종료하는 것이 중요합니다.

셋째, 위기상황이 종료된 단계라면 몸이 회복할 수 있도록 충분히 휴식하고 영양을 잘 공급해 주어야 합니다.

넷째, 위기상황에 대한 나의 신념과 가치관을 점검하고 마음을 정화하여 다시 재발하지 않도록 해야 합니다. CTS를 잘 관리하면 건강하고 행복한 삶을 유지할 수 있습니다.

해처럼 밝은 나로 살아가는 해나인은 CTS를 받지 않는 삶을 살아야 합니다. 밝게 살아가면 CTS를 받더라도 잘 이겨낼 수 있습니다. 항상 밝고 건강하게 자신의 에너지를 잘 관리하면, CTS가 문제를 일으키지 않을 것입니다.

02 CTS처리과정

예측 불가한 CTS가 발생하면, 몸은 항상성 유지시스템을 위기관리 시스템으로 즉시 전환시킵니다.

대뇌에서 작동하고 있는 위기관리시스템은 몸의 각 부위에 장착된 다양한 특수프로그램을 실행시킵니다. 위기관리시스템이 CTS의 종류에 따라 그에 맞는 특수프로그램을 실행시키면, 위기상황을 견디고 해결하는 데 필요한 에너지를 더 많이 사용할 수 있도록 준비합니다.

CTS가 감정과 신념, 영양과 환경, 관계와 처세 등 다양한 수준에서 실질적으로 종료되면, 특수프로그램이 손상된 몸과 마음을 복구합니다.

예기치 않은 사건 사고, 준비하지 못한 상태에서 일어난 갑작스러운 충격, 도저히 감당하기 힘든 일이 닥쳐오면, 일상적인 스트레스를 받을 때와는 달리, 뇌의 마음 컴퓨터는 본능적으로 생존과 번식을 위협하는 위기상황으로 인식하여 특수프로그램을 실행합니다.

특수프로그램은 지구의 생명체(동물과 식물)가 바다의 미생물에서 원시시대 인간까지 진화하는 과정에서 습득한 본능프로그램으로 유전자에 세팅되어 있습니다.

생물은 열악한 지구환경에서 생존하고 번식하면서, 오랜 시간 동안 수많은 세대를 거쳐 최적화한 본능프로그램을 후대에 전달해 왔습니다. 생물학적인 특수프로그램은 무의식적으로, 본능적으로 작동하기 때문에 의식적으로 알아차리기가 어렵습니다.

뇌에서 지휘하는 위기관리시스템은 크게 2단계로 진행되는데, CTS활성단계는 위기상황이 해결되기 전까지 대응하는 단계이고, 힐링단계는 위기상황이 종료된 후 손상된 부위를 재생, 복구하는 단계입니다.

CTS활성단계에서 CTS의 강도가 셀수록, 기간이 길수록 손상의 깊이와 넓이가 커지므로, 최대한 빠르게 활성단계를 종료하는 것이 좋습니다. 활성단계를 종료하기 위해서는, 원초적인 본능을 위협하고 있는 위기상황을 생물학적인 수준에서 실질적으로 해결해야 합니다.

현실적으로 해결하지 않고, 가짜로 해결하거나 억지로 해결된 것처럼 우기면 CTS가 종료되지 않습니다. 반드시 감각으로 느낄 수 있게 해결해야만 종료됩니다. CTS를 해결하는 가장 좋은 방법은 물리적인 현실에서 체감할 수 있도록 현실적으로 위기상황을 해소하는 것입니다.

실질적인 해결을 할 수 없는 경우에는, 심리적 수준에서 위기상황을 종료하는 방법이라도 활용해야 합니다. 뇌는 현실과 상상을 잘 구분하지 못합니다. 상상하는 뇌의 특성을 이용하여 CTS충격으로 생긴 에너지서클과 CTS기억정보를 정화하는 방법을 활용합니다.

마치 CTS 상황이 이미 종료되고 CTS가 전혀 없었던 것처럼, 행복하게 살고 있는 기분 좋은 상상을 하는 것입니다. 행복한 이미지를 떠올리거나 즐거운 장면을 상상하면, 뇌는 위기상황이 종료된 것으로 착각하여, 교감신경을 끄고 부교감신경을 켜서 힐링단계로 넘어가게 합니다.

뇌는 실질적인 해결을 원하므로, 상상한 대로 이루어졌음을 완전히 신뢰하고 믿어야 합니다. 상상을 오감으로 체험할 수 있게 다양한 방법들을 활용하면 더 효과적입니다.

또 다른 방법으로 호흡과 이완을 이용하는 것입니다. 의식적으로 깊게 호흡하면서, 인체의 머리부터 발끝까지 차례로 느끼면서 긴장된 부위를 이완해 줍니다.

깊은 호흡과 함께 몸의 각 부위를 이완하는 연습을 해보세요. 주로 긴장이 잘되는 어깨, 목, 턱, 횡격막, 복부는 의식적으로 더 오랫동안 이완시키고, 반복적으로 연습을 하는 것이 좋습니다. 여기에 웃음과 감사연습을 병행하면 CTS를 종료하기가 훨씬 더 쉬워집니다.

CTS를 처리하는 데 도움이 되는 영양제를 활용해도 됩니다. 예를 들어, 마그네슘이 부족하면 근육을 이완하기 어려우므로, 흡수가 잘되는 마그네슘을 섭취해 주면 도움이 됩니다. 하루 내내 위기상황에만 의식의 초점을 집중하고 있다면, 인생의 여정을 더 큰 그림에서, 더 높은 관점에서, 더 넓게 바라볼 수 있는 시야를 열어주는 데도 마그네슘이 도움이 됩니다.

특히 힐링단계에서는 미네랄, 비타민, 단백질, 항산화제 등을 충분히 공급해 주어야 합니다. 아울러, 충분한 수분과 염분도 보충되어야 세포 재생과 해독에 도움이 됩니다.

CTS와 에너지정보

물리적인 현실을 창조한 근원은 의식과 에너지입니다. 에너지에는 정보가 담겨있고, 에너지가 전달될 때 정보도 함께 전달됩니다. 우리가 오감으로 느끼는 모든 것이, 다 에너지이고 정보입니다.

예를 들어 밝은 에너지를 가진 사람과 만났을 때 편안한 에너지와 정보를 전달받아, 호감을 느끼고 좋은 관계로 발전해 가지만, 어두운 에너지를 가진 사람을 만났을 때는 불편한 느낌을 전달받아 다시 만나고 싶지 않을 것입니다.

이렇게 에너지에 따라 대인관계가 바뀔 수 있습니다. 좋은 관계에서는 돈도 사업도 원활히 풀리지만, 나쁜 관계가 되면, 돈도 사업도 어려워지는 것입니다. 에너지와 정보가 원활하게 교류될 때, 관계, 돈, 건강, 사업의 모든 문제들이 자연스럽게 해결됩니다.

에너지는 이 세상을 돌아가게 하는 근원적인 힘입니다. 에너지를 잘 알고 잘 쓸 수 있다면 고민과 고통에서 쉽게 벗어날 수 있습니다. 그러기 위해서는 먼저 에너지의 작동원리를 잘 알아야 합니다. 에너지는 소통에서 발생되고 소통할수록 증폭됩니다. 에너지가 잘 소통하면 아무런 문제 없이 살아갈 수 있습니다.

준비되지 않은 감당 불가의 CTS는 에너지의 흐름을 교란시키고 불균형에 빠뜨리게 합니다. 예상하지 못했던 CTS가 발생하면, 우리의 몸은 본능적으로 위기를 감지하고, 이 상황을 기억정보에 저장합니다. 언제 또다시 발생할지도 모를 위기상황에 대처하기 위하여, 무의식 깊숙한 곳에 CTS기억정보를 저장합니다.

해결되지 않은 CTS는 해결되기 전까지 계속 문제를 일으킵니다. CTS는 생체에너지장의 취약한 부위에 충격을 가해, 결국 몸과 마음에 심각한 불균형을 불러옵니다. 오래된 CTS기억정보는, 무의식적으로 작동하기 때문에, 알아차리기가 쉽지 않습니다.

가장 중요한 것은, 어떤 기억정보가 무의식화되어 있고, 그 기억정보가 내 삶에 어떻게 작용하고 있었는지, 그 기억이 만드는 에너지 패턴을 찾아야 한다는 것입니다.

에너지 패턴을 알게 될 때, 비로소 에너지를 움직이는 주인으로 살아갈 수 있습니다. 몸과 마음의 에너지를 교란시키는 기억정보를 찾아 정화하고, 새로운 에너지로 자신을 재프로그래밍하는 과정을 통해, 해처럼 밝은 나를 다시 회복할 수 있습니다.

에너지리딩은 에너지에 담겨진 미지의 정보를 찾아내 분석하는 것입니다. 그 정보를 잘 알면 몸에게 유익한 것을 찾아낼 수 있습니다.

에너지리딩은 자신도 미처 깨닫지 못한 영적인 의도뿐만 아니라, 건강에 유익한 정보까지 다양한 수준에서 정보를 탐색해 가는 과정입니다.

CTS충격이 종료되면, 힐링단계로 넘어가 질병이라고 불리는 다양한 증상을 경험하게 됩니다. 에너지적 수준에서 말하자면, 증상이 곧 치유인 것입니다. 하지만 CTS충격이 너무 크거나, 장기간 지속되거나, 반복해서 재발되면, 에너지가 과다하게 정체되고 누적되어, 물리적인 수준에서는 암처럼 심각한 질병으로 발전하게 됩니다. 에너지적 관점에서 보면, 암은 풀리지 않은 에너지적 경결과 같은 상태입니다.

CTS를 어떻게 종료할까요?

CTS충격으로 시작된 특수프로그램은 본능프로그램이기 때문에 생물학적으로, 실질적으로 해결되어야만 힐링단계로 넘어갈 수 있습니다. 너무 딱딱한 음식을 먹어 위장에서 소화액을 더 많이 분비하려고 위장의 세포가 증식한다면, 실질적으로 그 음식을 다 소화해야만 증식을 멈출 수 있습니다.

마찬가지로 과중한 업무를 소화할 수 없어서 위장의 세포가 증식하고 있다면, 그 업무를 다 끝내거나, 그 업무를 다른 사람에게 넘기거나, 그만두어야만 위장 세포의 증식을 멈출 수 있습니다. 반드시 감각적으로 현실에서 체험할 수 있는 해결책이 있어야 합니다.

예를 들어 남편의 실직으로 아이들을 양육하기 어려운 CTS가 발생한다면, 유방의 세포가 증식할 수 있습니다. 만약 남편이 취업에 성공해 다시 양육비를 충분히 가져다준다면, 자연스럽게 유방의 문제는 해결될 것입니다. 그렇지만 아내가 남편의 취업 이외에는 돈을 벌 방법이 없다고 굳게 믿고 있다면, 남편이 취업하지 않고, 다른 방식으로 돈을 벌려고 사업을 시작해도, CTS가 종료되지 않게 됩니다. 진짜로 돈을 벌어 와 보여주기 전까지는 그럴 것입니다.

똑같은 CTS도 각 개인의 신념과 가치관에 따라 해결 방법은 천차만별로 다릅니다. 어떤 사람은 물질적인 해결책만 통하고, 어떤 사람은 감정만 풀어주어도 해결되기도 하고, 어떤 사람은 종교적인 믿음만으로도 종료되기도 합니다. 어떤 사람은 약을 먹거나 병원 치료를 받아야 종료되기도 합니다. 어떤 사람은 자신의 태도와 관점을 바꾸기만 해도 해결될 수 있습니다. 대부분의 사람들은 현실적인 해결책이 제시되어야 CTS를 종료할 수 있습니다.

예를 들어 어떤 남성이 이웃과 다툰 이후에 알레르기 때문에 몇 십 년 동안 고생하다가, 우연치 않게 그 사람이 이민 가고 없다는 것을 알게 된 후에, 알레르기가 사라졌습니다. 이 경우에도 갈등을 일으킨 대상이 자신의 삶의 영역에서 영원히 사라져, 다시는 만나지 않을 것이라고 생각하고 안심하게 되면서, 더 이상 알레르기 같은 경보반응을 일으킬 필요가 없게 된 것입니다. 이런 경우는 특별한 노력이 없어도 자연적으로 해결된 경우입니다.

어떤 사람은 정해진 시간 안에 마감해야 하는 업무를 처리하지 못한

CTS 때문에 갑상선에 문제가 생겼다면, 외부의 도움을 요청하거나, 업무량을 줄이거나, 업무처리 능력을 향상시켜야만 CTS가 종료될 수 있습니다.

CTS를 현실적인 방법으로 해결할 수 없는 경우도 많습니다. 감정적인 수준이나 정신적인 수준에서 해결해야 하는 경우도 있고, 새로운 관점으로 의식을 확장하고 성장해야만 해결할 수 있는 경우도 있습니다.

아주 큰 CTS가 아니라면, 유연한 마음을 가진 분들은 욕심을 내려놓고 마음을 정화하기만 해도, 자연스럽게 교감신경이 꺼지면서 CTS가 종료됩니다. CTS가 종료되면 힐링단계에 들어갑니다. 힐링단계가 잘 진행되어 몸과 마음의 상처가 아물면 평상의 삶으로 돌아갑니다.

힐링단계에서는 불필요한 세포는 제거되고, 괴사된 세포는 재생됩니다. 이 과정에서 예전의 CTS가 재발하지 않도록 주의해야 합니다. 힐링단계에서는 절대로 CTS에 노출되지 않도록 잘 관리해야 합니다. 이 단계에서 세포의 치유를 촉진하는 안전공간 힐링명상을 실천하면 더 빠른 치유효과를 볼 수 있습니다.

힐링단계는 3가지 단계로 구분됩니다. 힐링1단계는 세포의 회복기로 염증, 통증, 발열, 피로, 부종, 고름 등 다양한 증상들이 일어납니다. 다음은 힐링위기 단계로 CTS활성단계의 증상이 일시적으로 재현됩니다. 힐링위기는 집중적으로 강렬하게 진행되기도 합니다. 힐링위기가 지나가면 힐링2단계에 들어갑니다. 힐링2단계는 부종이 빠지고 상처가 아무는 과정입니다.

지연된 힐링 과정

CTS활성단계가 종료되어 힐링1단계에 들어가면, 몸은 정상으로 회복되기 시작합니다. 동일한 CTS가 다시 발생하지 않는다면, 정상적으로 몸이 치유될 것입니다.

하지만 다음과 같은 경우에는 힐링 과정이 지연되어, 큰 질병으로 발전할 수 있습니다.

1. CTS가 해결되지 않고 끈질기게 지연되어, 힐링단계에 들어가지 못하는 경우
2. CTS가 재발되어 다시 활성단계로 들어가거나, 잦은 CTS 재발로 힐링 과정이 장기화되는 경우
3. 과도한 약물 사용으로 특수프로그램이 정상적으로 작동하지 못하고 힐링단계에 머물고 있는 경우

끈질긴 CTS로 지연되거나 반복 재발하여 CTS활성단계가 길어질수록, CTS의 충격 강도가 클수록, CTS에너지의 크기가 커집니다. CTS 크기가 클수록 힐링단계도 길어지고 힐링위기도 강하게 나타납니다.

문제는 장기화된 힐링단계에서 증상이 만성화되거나 악화되면, 결국 심각한 불균형과 에너지 고갈로 회복이 어려워지는 것입니다. 심각한 상태가 되지 않으려면, 최대한 빠르게 힐링단계가 진행되도록 노력해야 합니다.

CTS활성단계에서 해독요법을 무리하게 진행하면 오히려 스트레스로 인하여 해독이 잘되지 않습니다. 힐링단계에서 해독요법을 진행하면 CTS활성단계에 쌓였던 독소를 정화하는 데 도움이 됩니다. 힐링단계에서는 식사 제한이나 급격한 절식보다는, 단백질, 미네랄, 비타민, 항산화제 등의 영양이 충분히 공급되어야 합니다.

힐링위기(healing crisis)

CTS가 실질적으로 종료되면 힐링1단계가 시작됩니다. 힐링1단계에는 염증, 통증, 부종, 밤땀, 피곤, 긴 수면 등 다양한 반응이 나타납니다. 몸이 회복되는 과정에서 힐링위기, 즉 호전반응을 반드시 경험합니다. 힐링위기는 치유 과정에서 꼭 필요한 과정이므로 반드시 지나가야 합니다. 힐링위기에서는 CTS활성단계의 증상을 강렬하게 다시 경험합니다.

힐링위기는 비교적 짧은 기간 동안 진행됩니다. 이 기간에는 CTS활성단계에서 나타난 증상이 더 강하게 재현되므로 잘 참고 이겨내야 합니다. 힐링위기가 심한 경우 반드시 의료전문가의 도움을 받아야 합니다.

힐링위기는 다양한 증상으로 나타나는데, 예를 들어 대뇌 피질과 관련된 분리CTS인 경우, 일시적 의식부재 발작으로 호전반응이 나타날 수 있습니다. 뇌간과 관련된 존재CTS인 경우, 부종(KCTS)이 발생할 수 있습니다. 존재CTS로 힐링위기를 겪고 있다면, 혼자 고립된 채 방치하지 말고 반드시 보호자와 같이 있어야 합니다. 죽음에 대한 공포는 폐에 증상이 나타나지만, 홀로 버려져 고립되거나 존재가 사라지는 불안에 빠지면 신장에 문제가 생깁니다.

힐링단계에서 반드시 힐링위기가 찾아오므로, 사전에 교육을 받고 미리 알고 있어야 응급상황에 대처할 수 있습니다.

오랫동안 지연된 CTS, 자주 재발된 CTS, 아주 심한 트라우마 등을 해결하는 경우, 한 번에 CTS를 종료시키지 말고, 문제의 일부분만 시간을 두고 조금씩 순차적으로 해결해 가야 합니다. 특히 주의할 점은 남성의 경우, 때에 따라서는 영역상실CTS는 해결하지 않는 것이 나을 수도 있습니다.

03 CTS예방법

인생을 살다 보면, 예기치 않게 CTS를 받게 됩니다. 대인관계의 갈등, 충격적인 트라우마, 일상의 스트레스를 이미 예상하고 있었다면 큰 문제가 되지 않습니다. 하지만, 어떤 특정 사건 사고와 결부된 예상 불가, 감당 불가의 CTS가 발생할 경우 본능이 자극을 받게 됩니다. 본능이 CTS를 위기상황으로 인식하고 특수프로그램을 작동하면, 몸과 마음에 불편한 증상이 시작됩니다.

다음은 CTS가 특수프로그램을 작동하지 않도록 예방하는 방법입니다. 잘 기억하고 활용하시기 바랍니다.

1. 두려움을 상상하라.

세상에서 일어날 수 있는 모든 가능성을 미리 예상해 보고 상상해 봅니다.

자신의 인생에서 절대로 일어나면 안 되는 것은 무엇인가요?
평생토록 경험하고 싶지 않은 것은 무엇인가요?
만나거나 연락도 하고 싶지 않은 사람은 누구인가요?
이 세상에서 가장 무섭고 두려운 것은 무엇인가요?

두려움을 정면으로 직시하고, 아무것도 아닌 것처럼 느껴질 때까지 반복해서 상상하고 감사로 정화합니다. 모든 가능성을 다 열고 삶을 전체적으로 받아들여야 합니다. 삶의 모든 것을 다 허용해야만 예기치 않는 CTS충격에서 벗어날 수 있습니다.

내가 두려워하는 것, 직면하기 싫은 것, 피하고 싶은 것들은 나의 인생의 숙제들이고, 교훈과 지혜를 쌓기 위한 생애약정이며, 체험을 위한 설정이고, 영혼의 선택입니다. 피한다고 넘어갈 수는 없습니다. 두려움은 반드시 찾아옵니다. 두려운 사건 사고가 발생하더라도, 무조건적으로 감사하고 허용하는 것만이 CTS를 받지 않는 유일한 길입니다.

2. 해처럼 밝은 나를 깨우고 해나인으로 살아라.

해처럼 밝은 나(해나)는 순수한 본성을 의미합니다. 순수한 본성은 아이처럼 밝은 영혼을 말합니다. 항상 밝게 웃고 긍정적으로 살아가면 생체에너지장이 강화됩니다. 비록 CTS가 다가와도 에너지장이 무너지지 않고 잘 견딜 수 있습니다.

해처럼 밝은 나를 깨우기 위해서는
첫째, 가슴을 열어야 합니다. 대부분의 사람들은 상처받기 싫어서 가슴을 닫고 삽니다. 가슴을 열고 긍정적으로 자신을 표현해야 합니다.

둘째, 에고마인드를 가슴의 열정에 정합시켜야 합니다. 에고는 영혼의 선택을 따르고 순종해야 합니다. 100% 자신을 신뢰하고 따라야 합니다. 자신을 신뢰하는 것이 인생 공부 중에 가장 어려운 공부이지만 언젠가는 해야만 합니다.

셋째, 자신의 근원인 참나와 나자신을 연결해야 합니다. 마인드게임, 에너지게임에 휘말려 에너지가 고갈되지 않으려면 근원에너지와 연결하는 연습을 해야 합니다.

'해'는 생명의 근원으로, 물리적인 태양을 의미하는 것이 아닙니다. 태양은 지구에 에너지를 공급하는 근원처럼 보이지만, 태양도 보이지 않는 근원을 물리적으로 시뮬레이션하고 있는 것입니다. 보이지 않는 진리의 빛이 바로 우주 만물의 근원입니다. 근원으로부터 주어지는 생명의 빛을 몸과 마음에 충만하게 채워야 합니다. 감사는 근원의 빛을 연결하고 빛을 증강시키는 가장 좋은 방법입니다. 항상 근원에게 감사하고 근원에너지로 충전해야 합니다.

3. 돈을 초월하라.

 돈을 초월하기 힘들다면, 현재 자신의 재정 상태를 있는 그대로 받아들여야 합니다. 그리고 좋은 사람과 관계를 맺고, 불편한 사람과의 관계는 점차 끊어내야 합니다. 돈과 관련된 체험은 너무나 다양해서 CTS를 받는 가장 흔한 주제입니다. 특히 돈과 관련된 CTS는 실질적으로 해결해야 종료되는 경우가 많습니다.

 돈 문제로 CTS가 발생할 경우, 해결 방법이 복잡하거나 많은 시간이 필요할 수 있습니다. 돈을 빌려주고 못 받거나, 빌린 돈을 못 갚아 독촉에 시달리거나, 채권자에게 괴롭힘을 받는 것처럼 힘든 것이 없습니다. 돈이 없어 원하는 것도 하지 못하고, 돈 때문에 관계도 나빠집니다.

 돈 때문에 좌절하고, 돈이 급해 속이 타고 쩔쩔맬 때도 있고, 돈을 잃어 화가 나고, 돈이 없어 큰 병에 걸리기도 합니다. 돈 때문에 병을 못 고쳐 생명을 잃기도 하고, 돈이 없어 자존심이 상하기도 합니다. 돈이 많아도 돈을 뜯어 가는 사람 때문에 돈을 지키려고 밤새 고민합니다. 돈이 없어 사업도 망하고, 돈이 없어 급여도 밀려, 편히 잠을 자지도 못합니다. 돈 때문에 수많은 감정들이 생기고 마음에 상처를 입게 됩니다.

 돈은 인간 사회가 돌아가게 하는 실질적인 에너지이며 영양분과 같은 것입니다. 돈에 대한 CTS를 받지 않으려면, 돈에 대하여 당당해지고 돈의 주인이 되어야 합니다. 돈에게 비굴하게 굴복하지 말고, 돈에 집착하지 않는 마음을 가져야 합니다. 나는 돈의 주인이며, 돈은 나에게 봉사하는 에너지입니다. 하지만 돈은 나의 결핍의식을 이용하여 나를 굴복시키고 주인 행세를 하고 있습니다.

결핍의식은 돈 때문에 고통받지만, 풍요의식은 돈을 초월해 행복해집니다. 풍요의식은 자신의 근원과 연결된 상태에서만 느낄 수 있습니다.

돈에 대한 CTS를 해결하려면 자신이 돈의 주인으로서 주체의식을 가지고 살아야 합니다. 돈에 흔들리지 않고 돈의 주인이 되는 연습을 해야 합니다.

내가 돈의 주인이라고 주장하면, 돈이 오히려 주인처럼 행세하면서 나를 시험하고 시련에 빠지게 할 것입니다. 돈에 대한 욕망을 버리면 당당하게 돈의 주인이 되어 돈을 가지고 놀 수 있게 됩니다. 돈에게 놀아나지 않아야 돈과 관련된 CTS에서 영원히 해방될 수 있습니다.

세상의 돈을 만들고 돈을 뿌리는 주인들은 돈으로 우리를 지배하려고 합니다. 돈으로 세상을 지배하려는 사람들이나 돈의 욕심꾸러기와 악동들 때문에, 힘든 삶을 살 수밖에 없는 서민들이 너무나 많습니다. 돈 때문에 고통은 사라지지 않고 계속될 수밖에 없습니다.

실제로 돈은 신용대출로 부풀리면서 커지기 때문에, 정상적인 에너지교환이 이루어지지 않습니다. 신용화폐가 늘어날수록, 많은 서민들이 빚에 허덕입니다. 만약 신용화폐보다는 실물 기반의 에너지화폐로 전환된다면, 에너지와 정보의 가치에 따라 돈이 지불되고, 불균형한 돈의 문제를 근본적으로 해결할 수 있습니다.

신용화폐를 사용하는 경제 환경에서는, 돈을 뛰어넘지 않으면 돈의 게임이 끝나지 않습니다. 돈은 먹거리를 살 수 있는 교환수단이기 때문에, 본능은 돈을 먹거리나 영양분으로 인식합니다. 따라서 본능을 충족시키려면 반드시 돈이 필요합니다.

필요한 돈을 충분히 가지려면, 에너지가 잘 흐르도록 소통하고 교류해야 합니다. 자신을 신뢰하고 타고난 능력을 개발하여, 자신만의 서비스나 상품을 제공하면 돈이 들어오게 됩니다. 에너지도, 돈도 끊임없이 주고받는 소통에서 발생합니다.

입자들 사이에서 에너지가 작용하는 이유는 바로 입자들이 소통하기 때문입니다. 아주 작은 입자에서 거대한 행성이나 은하까지 정지된 것은 없습니다. 모든 것이 움직이고 소통하면서 서로 관계를 맺기 때문에 에너지가 흐르게 됩니다. 에너지는 소통이며 관계를 의미합니다.

서로에게 유익한 좋은 관계는 소통이 잘되어 에너지가 잘 흐르므로 활력과 생명력이 증가됩니다. 하지만 서로 이익만 취하려 하는 관계는 누군가 손해를 보게 되고, 소통도 차단되어 에너지가 흐르지 않게 됩니다.

사업적 관계든, 개인적 관계든 상관없이 관계가 좋으면 서로 주고받음이 생기고 서로 유익하고 밝은 에너지도 생겨납니다. 관계에 문제가 생기면, 계약이 어긋나거나, 돈을 못 받게 되거나, 회사에서 잘리게 되어 돈에 쪼들리게 됩니다.

부부나 가족관계는 아무런 대가가 없어도, 가까운 관계라는 이유만으로 돈과 에너지를 서로 주고받습니다. 하지만 관계가 없는 남에게는 아무리 돈이 많아도 이유 없이 주지 않습니다. 돈을 주고받으려면 계약관계라도 맺어야 주고받을 수 있는 것입니다. 모든 관계는 현실적인 구두계약이나 문서적 계약이든, 영혼의 합의든, 어떤 식으로든지 약정이 맺어져 있는 것입니다.

가족관계는 생명을 나눈 사이이기 때문에, 서로 대가가 없이 에너지와 정보를 무료로 주고받습니다. 마찬가지로 가족처럼 나에게 생명에너지를 공급하는 근원도 대가가 없이 에너지를 공급합니다. 근원은 무조건적으로 사랑을 주는 엄마와 같은 관계입니다. 이 외의 모든 관계는 소통과 정보의 가치에 따라 서로 에너지와 돈을 주고받습니다.

가족이나 근원이라도 서로 소통하지 않으면 에너지와 돈을 주지 않습니다. 엄마와 소통이 아예 없다면 용돈을 받을 수 없듯이, 근원과도 단절되면 에너지를 받을 수 없습니다. 최소한의 소통이라도 하고 있어야만 근원의 에너지를 받을 수 있습니다.

다행인 것은 모든 존재는 필드(field)라고 부르는 에너지장을 가지고 태어난다는 것입니다. 필드는 천부적인 자산입니다. 나의 필드를 우주의 필드와 연결하면 우주의 에너지와 정보를 공급받을 수 있습니다. 다른 사람의 필드와 연결해 좋은 감정을 주고받고 좋은 관계를 형성할 수 있습니다. 필드에는 나의 기억정보와 재능이 담겨져 있습니다. 사람은 필드라는 보물을 가지고 태어났다는 것을 잊고 살아갑니다. 죽을 때 인생의 모든 경험과 지혜를 필드에 담아 가지고 떠납니다.

CTS충격이 발생하면 관계를 연결하는 필드에 문제가 생깁니다. CTS충격으로 필드의 에너지정보가 불협화음이 되면, 해당 부위의 두뇌와 몸에도 불균형이 생깁니다. CTS충격이 해소된 후에는 에너지필드가 정상으로 복구되고, 생물학적 특수프로그램에 의해 몸과 마음도 회복됩니다.

소통이 원활하면 에너지가 잘 흐릅니다. 혼자서 소통하지 않고 외롭게 지내면, 에너지가 흐르지 않아 생명력이 고갈되기 쉽습니다. 하지만 혼자 살더라도 근원과 소통하거나, 자연과 소통하거나, 나자신과 소통이 잘 되는 사람은 에너지를 공급받을 수 있습니다. 친구들과 잘 지내는 노인들이 장수하는 이유는 친구들과 에너지가 잘 흐르기 때문입니다.

다가오는 모든 인연과 만남을 소중하게 생각하고 좋은 관계를 유지하는 것이 중요합니다. 모두가 나에게 좋은 에너지를 공급하는 존재들입니다. 본질적으로 영적 합의에 의해 관계가 형성되므로, 영적 합의를 가슴으로 느끼고 이해하면, 좋은 관계를 유지하는 데 도움이 됩니다. 주의해야 할 점은, 에너지를 빨아 갈 희생자를 찾아 헤매는 사람들과 에너지게임을 하고 있다면, 과감하게 에너지를 차단하고 관계를 끊어내야 합니다.

관계가 어그러지면 돈이 막히고, 돈이 막히면 건강에도 문제가 생깁니다. 건강이 안 좋으니 관계가 더 나빠지고, 돈 문제도 더 악화되어 악순환에 빠집니다. 이런 악순환에 빠져있다면 돈을 대하는 자신의 태도를 살펴보아야 합니다.

나는 왜 돈을 벌어야 하는가?
나는 왜 돈을 벌고 싶은가?
나는 누구인가?
나는 무엇을 위해 사는가?
나는 돈으로 무엇을 하고 싶은가?
나는 돈과 관계없이 진짜 하고 싶은 것이 무엇인가?

위 질문에 답을 찾아보면, 돈을 대하는 나의 태도에 어떤 문제가 있는지 찾아낼 수 있을 것입니다.

4. 본능을 안심시켜라.

본능은 생명체가 지구환경에서 살아남을 수 있도록 최적화된 유전 프로그램입니다. 본능은 세포에 저장된 원초적인 프로그램이므로, 의식적으로 본능을 초월하기가 매우 힘듭니다. 본능과 싸워 이길 수 없으므로, 본능을 안심시키는 것이 유리합니다. CTS가 생존을 위협하지 않는다는 것을 인식시키고, 마음을 편안하게 하여 CTS를 종료시키는 작업이 필요합니다. 이 작업을 정화라고 부릅니다.

감사연습으로 CTS기억을 정화하고 본능을 안심시키면, 교감신경이 꺼지고 부교감신경이 커지면서 힐링단계로 넘어가게 됩니다. CTS를 정화하는 것이 귀찮다면, CTS를 아예 받고 싶지 않다면, 매일 매 순간 감사로 정화하는 습관을 가져야 합니다. 교감신경이 과도하게 커질 필요가 없는, 평온한 삶을 살면 됩니다.

만약 교감신경이 활성화된 CTS활성단계에 접어들었다면, 일단 본능이 안심할 수 있도록 감사로 정화해야 합니다.

CTS를 지혜롭게 해결하는 전략

첫째, CTS는 최대한 6~9개월 이내 반드시 실질적으로 해결해야 합니다. CTS의 종료기한을 넘기면 육체적으로 장애를 회복할 수 없는 경우도 있습니다. 예를 들면 9개월 이상 된 영역손실CTS는 힐링위기가 격렬하게 올 수 있으므로, CTS를 해소하지 않는 것이 더 나을 수도 있습니다.

CTS크기는 강도와 길이에 비례하며, CTS크기에 따라 힐링기간과 증상들의 크기가 결정됩니다. 수십 년 동안 지속된 손실CTS는 활성단계에서 세포증식의 크기가 상당히 커질 수 있습니다. 긴 시간의 길이만큼 CTS의 에너지가 누적되었기 때문에 치유단계도 그만큼 길어집니다. 오래된 CTS는 갑작스럽게 치유하기보다는 느슨하고 부분적으로 조금씩 진행되어야 합니다. CTS 일부분만 먼저 해결하고 난 후에, 점차 남은 부분을 치유해 가는 것이 바람직합니다. 이런 분들은 여러 회기에 걸친 상담에 참여하거나 장기간의 힐링프로젝트를 진행해야 합니다.

둘째, 독소나 미생물, 영적 장애가 원인인 경우 심각한 질병이나 죽음에 이르지는 않지만, CTS활성단계에서 CTS가 종료되지 않고 지연되거나, 힐링단계가 늘어져 지속되는 경우, 여러 가지 CTS가 동시에 발생하는 경우에는 만성질환이나 죽음에 이르는 심각한 질병이 발생할 수 있으니 반드시 CTS를 해결해야 합니다. 특히, 지연된 CTS의 크기가 큰 경우 주의해야 합니다. CTS크기는 CTS 강도와 지연된 시간에 비례합니다. CTS크기가 클수록, 많은 시간을 두고 조금씩 해결해 가야 합니다.

셋째, 관점과 태도를 바꾸면 CTS를 쉽게 종료시킬 수 있습니다. 몸은 CTS충격을 에너지정보로 받아들입니다. 청각CTS는 귀의 소리정보로 받아들이고 시각CTS는 눈의 시각정보로 받아들입니다. 어떤 가치관과 신념을 가지고 있느냐에 따라 CTS정보를 받아들이는 방식이 달라집니다. 정보가 바뀌면 에너지도 바뀌게 됩니다. 긍정적이고 희망적인 정보로 인식하고 바라보면 에너지도 밝아집니다. 긍정적인 관점으로 전환하는 방법은 긍정적 실현원리(PMP)와 감사연습을 적용하여 전환할 수 있습니다.

넷째, CTS에 영향을 받지 않는 몸과 마음을 가지려면 근본적으로 에너지장을 강화해야 합니다. 에너지장은 외부의 근육만을 단련해서는 안 되고, 내면의 에너지를 강화해야 합니다. 육체의 에너지는 영양

공급, 깊은 수면, 적절한 운동 등을 통해 강화하고, 환경에너지는 대인관계, 주거지, 이름 등을 분석하여 생활환경을 새롭게 디자인합니다. 내면의 에너지는 근원과 연결하고, 호흡연습과 감사연습으로 채워야 합니다.

다섯째, 증상은 CTS를 처리하려는 의도를 담은 힐링메시지입니다. 메시지에 담긴 의도를 이해하려면 증상을 완전하게 느껴주어야 합니다. 느끼고 나면 불안이 멈추고 가슴이 후련해지거나, 삶의 문제를 직면할 수 있는 용기가 생기게 됩니다. 충분히 느끼고 인정하고 수용하면 에너지는 점차 균형을 찾아가고, 문제들이 사라지거나 아무렇지도 않는 느낌이 들 것입니다. 이렇게 되어야 정화작업이 끝난 것입니다.

정화작업의 핵심은 느끼기입니다.
느끼고 상상하고 선언하는 것은
정화의 과정이면서 동시에 창조의 과정입니다.
수용된 에너지는 변형됩니다.

04 CTS증후군

생체위기관리시스템(BCMS)은 에고마인드시스템(EMS)과 하부마인드시스템(SMS)에 장착된 인체복구프로그램입니다. 위기관리시스템은 CTS활성단계(갈등단계)와 힐링단계로 나눌 수 있습니다.

CTS활성단계는 교감신경이 우세한 갈등증후군을 경험하는 과정입니다. 예상하지 못한 CTS를 받게 되면 교감신경이 항진되면서 손발이 차고, 음식 맛이 떨어지고, 식사량이 줄고, 체중도 감소하고, 체온도 떨어집니다. 잠이 오지 않거나 자주 깨고, 생각이 늘어납니다. 맥박이 빨라지고 혈압도 더 높아집니다.

CTS활성단계에서 CTS가 종료되면 힐링단계로 넘어갑니다. 힐링단계는 부교감신경이 우세한 힐링증후군을 경험하는 과정입니다. 손발이 따뜻해지고, 음식 맛이 좋아져 식사량이 더 많아지고, 줄어든 체중이 점차 회복됩니다. 극도의 피곤함을 느끼고, 잠이 쏟아지고, 일어나기 싫고 계속 누워만 있고 싶어 합니다. 심장박동과 혈압도 정상으로 돌아갑니다.

CTS로 인하여 갈등증후군을 겪고 있다면 감사로 정화합니다. CTS이벤트를 완전히 정화하여, 마음이 후련해질 때까지 반복해서 감사연습을 합니다. CTS의 강도보다 더 큰 감사에너지를 일으켜 강렬하게 감사해야 합니다. CTS가 발생한 이유를 더 높은 차원에서 바라보고, 더 높은 이해에 도달하게 되면, CTS를 완전히 감사하며 수용할 수 있게 됩니다.

나는 갈등, 트라우마, 스트레스를 받았던 과거기억을
감사로 정화합니다.
나는 CTS를 보다 높은 관점에서 이해하고 감사로 받아들입니다.

갈등증후군

인생의 여정에서 예기치 않는 CTS이벤트가 발생하면, 생체위기관리시스템이 CTS 문제를 해결하기 위해 교감신경계가 활성화되면서 CTS활성단계에 들어갑니다. CTS활성단계에서는 차가운 손과 발, 식욕 저하, 불면, 체온 저하, 심박수 증가, 혈압상승, 체중감소 같은 갈등증후군을 동반합니다.

갈등을 종료하기 위한 일반적인 해법은 없습니다. 갈등은 각 개인의 신념과 가치, 처해진 상황에 따라 다양하므로, 개인별로 해결 방안을 찾아야 합니다. 갈등은 최대한 빨리 해결되어야 좋지만, 감정적인 강도가 너무 세거나 감정 제어가 어려운 상황이면, 강렬한 갈등을 부분적으로 해결하거나, 태도를 바꾸거나 주의를 분산시켜 조금씩 증상을 줄여 나가는 것이 좋습니다. CTS활성단계는 긴장된 상태이므로 뚜렷한 육체적 질병이 드러나지 않을 수 있습니다.

갈등은 성장과 배움의 기회이므로, 두려워하지 말고 내면의 치유능력을 신뢰하고 맡기는 것이 중요합니다. 세포는 스스로 치유하고 재생하고 복구합니다. 세포지성을 신뢰하고, 세포가 일하도록 방해하지 말고, 안전한 공간에서 휴식합니다. 어떤 요법이나 처방만으로는 갈등을 해결할 수 없습니다. 갈등은 내부에서 시작된 것이므로 스스로 해결해야 합니다. 인생의 큰 그림을 더 높은 관점에서 바라보고, 내 인생에서 CTS가 어떤 의미를 갖는지 이해하고, CTS의 의도를 수용할 수 있을 때 갈등이 종료될 수 있습니다.

갈등을 정화하고 종료하는 가장 좋은 방법은 당연히 감사연습입니다. 감사하고 웃는 것이 최고의 방법입니다. 반복적인 감사연습으로

CTS를 완전히 수용하고 정화하는 것이 가장 근원적인 치유 방법입니다. 갈등증후군을 겪고 있다면 감사연습을 적극적으로 실천해 보세요. 갈등이 종료되면 힐링단계에 들어갑니다.

나는 CTS의 의미를 이해하고 CTS를 감사로 정화합니다.
나는 CTS를 종료하고 몸과 마음을 회복하게 되어 감사합니다.

힐링증후군

CTS활성단계(갈등단계)에서 CTS가 해결되면, 부교감신경이 활성화되면서 힐링단계에 들어갑니다. 힐링단계에서는 손발이 따뜻해지고, 식욕이 늘어나고, 체중이 다시 증가하고, 수면시간이 늘어납니다. 긴장이 풀리고, 혈액순환이 잘되어 체온도 정상화되고, 심박수와 혈압이 떨어져 정상으로 돌아옵니다.

힐링단계에서는 피곤하고 에너지가 저하된 상태가 되며, 두통, 부종, 통증, 염증, 발열, 밤땀, 고름, 설사, 혈변, 미생물 감염 등 질병이라고 알려진 힐링증후군을 경험하게 됩니다.

CTS활성단계에서는 갈등을 대응하기 위해 담당 부위의 세포들이 일시적으로 증가하거나 감소하고, 힐링단계에서는 증감된 세포들이 정상으로 돌아갑니다. 힐링단계에서는 갈등을 예방하고 효과적으로 대응하기 위해서 자신의 몸을 더 강화합니다.

힐링단계에서 몸은 스스로 치유하고 회복해 갑니다. 문제는 CTS가 재발하거나 오랫동안 지연되면 치유 과정이 만성화됩니다. 그리고 세포지성과 영성을 방해하고 주의를 분산시키는 현란한 요법들, 아직 힐링이 끝나지 않은 상태에서 다른 종류의 CTS에 노출되는 것도 문제가 됩니다. 진정한 치유사는 자기 자신입니다. 치유전문가는 치유의 도우미일 뿐입니다. 무엇보다도 스스로 치유하겠다는 의지와 몸에 대한 신뢰가 중요합니다. 세포의 힐링 과정을 방해하지 말고, 스스로 치유할 수 있도록 휴식하고 영양을 잘 공급해야 합니다.

나는 세포의 자연치유력을 신뢰하고 감사합니다.
나는 모든 증상이 치유의 과정임을 이해하고 감사로 수용합니다.
나는 스스로 치유할 수 있도록 치유의 과정을 받아들입니다.

갈등의 치유 과정

인생의 여정 중에서 예상하거나 준비되지 않은, 감당할 수 없는 심리적 갈등, 트라우마, 스트레스를 경험하게 되면, 에고마인드와 서브마인드는 생체위기관리시스템(BCMS)과 생물학적 특수프로그램(BSP)을 작동하여 갈등 상황을 해결해 갑니다.

위기상황이 발생하면 몸과 마음이 동시에 대처하기 시작합니다. CTS는 헤드브레인(Head Brain)에 정신적 충격을 가해 에너지서클(Energy Circle)을 형성하고, 브레인 에너지서클에 대응하는 장기나 조직에도 동시에 신호가 전달되어, 해당 부위의 세포가 CTS를 처리합니다.

다시 설명하자면

1단계: 예기치 않은 아주 위급한 CTS충격이 가해져 정신-에너지-뇌-장기(Psychic-Energy-Brain-Organ Axis, PEBO축)에 동시에 영향을 미칩니다.

2단계: 갈등의 종류와 내용에 따라 뇌와 장기에 영향을 미치는 부위가 결정됩니다.

3단계: 두뇌의 위기관리시스템과 세포의 특수프로그램이 정신-에너지-뇌-장기에 동시에 작동하여 갈등증후군과 힐링증후군을 발생시킵니다.

에고마인드와 서브마인드가 예측할 수 없는 CTS이지만, 더 높은 관점에서 보면, 영혼의 계획과 합의에 의해 선택한 경험임을 이해하고, CTS를 감사연습으로 조기에 종료시킨다면, 몸에 큰 문제가 발생하지 않습니다. 갈등단계가 길어지거나, 반복적으로 재발하거나, 백그라운드 트랙에서 재생되고 있다면 심각한 질병까지 발생할 수 있는 조건이 됩니다.

감사연습은 CTS를 조기에 종료하는 데 도움이 됩니다. 감사하는 마음으로 살아가면 동일한 CTS가 재발하지 않을 것입니다. 감사연습은 백그라운드에서 무의식적으로 재생되고 있는 CTS트랙을 해결하는 데도 도움이 됩니다.

05 CTS종료조건

CTS를 자동 종료하기 위한 팁입니다. CTS활성단계에서 CTS가 자동 종료하면 힐링단계로 넘어갑니다. CTS가 자동 종료되는 조건은 다음과 같습니다.

1. 현실적 문제해결

예를 들면 실직으로 인한 영역갈등, 기아갈등, 양육갈등 등이 일어나 갈등상황에 들어갔더라도 다시 직장을 얻어 안정을 되찾으면, 자연스럽게 갈등이 종료되고 치유 과정이 진행됩니다.

2. 웃음과 감사

웃음과 감사를 집중적으로 연습하면 교감신경이 꺼지고 부교감신경이 활성화되면서, 갈등 상황이 끝나지 않은 상황에서도 CTS가 종료되고 치유단계에 들어갈 수 있습니다.

3. 유익한 미생물

유익한 세균이나 곰팡이 같은 미생물이 인체로 들어와, 증식 또는 괴사한 세포를 회복해 줌으로써 내면의 갈등이 강제 종료되고 치유 과정이 진행될 수 있습니다.

4. 에너지의 균형

자연요법, 에너지정보요법, 마사지, 지압, 에너지힐링, 근골격계 조정, 수분조절, 미네랄 공급, 에너지영양요법 등으로 몸의 균형을 맞춰주면, 교감신경과 부교감신경의 부조화가 해결되어 자동으로 CTS가 종료될 수 있습니다.

펄스전자기장(PEMF), 테라헤르츠(THz), 원적외선 등 유익한 전자파를 이용한 에너지요법은 CTS활성단계를 종료시켜 힐링단계로 넘어가게 만들어주고, 힐링단계에서 겪게 되는 부종, 염증, 통증 등 힐링증후군을 완화시켜 줍니다. 에너지요법은 비침습적 요법으로 안전하고, 부작용이 없으며, 인체의 심부까지 작용하여, 마약성 진통제의 의존에서 벗어나는 데 도움이 됩니다.

5. 근원의 메시지

더 높은 차원에서 인생을 바라보고 있는 상위자아가 주는 메시지를 통해, 자신의 갈등 상황을 더 큰 그림 속에서 이해하고, 영혼이 선택한 여정을 완전히 수용하면 CTS가 자동 종료됩니다.

6. 깨어남과 깨달음

갈등 상황에서 떨어져 나와 새로운 관점에서 갈등을 바라보게 되는 경우 CTS가 자동 종료됩니다. 자신이 갈등의 창조자임을 자각하고, 갈등을 창조한 이유와 교훈을 깨달을 때 갈등은 자동 종료됩니다.

7. 의식적 선택과 허용

반복적으로 발생하는 갈등을 완전히 끝내겠다고 단호하게 선택하고, 더 이상 갈등을 허용하지 않는다면 갈등은 힘을 잃고 종료됩니다.

8. 연결된 갈등해결

연결된 갈등 하나가 해결되면 다른 것도 같이 해결됩니다. 예를 들면 양육갈등과 영역갈등이 동시에 발생했다면, 영역갈등이 해결될 경우 연결된 양육갈등도 함께 자동 종료될 수 있습니다.

CTS를 해결하려는 노력을 하지 않아도 CTS가 자동 종료되면 힐링 단계로 넘어갑니다. CTS를 자동 종료하는 가장 좋은 방법은 감사와 웃음입니다. 아직 현실에서는 갈등 상황이 종료되지 않았더라도, 갈등이 이미 해결된 것처럼 감사하면, 외부 현실에 관계없이 내면에서 먼저 종료됩니다. 갈등을 장기간 오래 끌고 가면 몸에 커다란 문제를 일으킬 수 있으므로 최대한 빠르게 처리하는 것이 좋습니다. 갈등을 해결하는 최고의 비법, 감사와 웃음에 있다는 것을 잊지 마세요.

06 잠재적/유사CTS

평소에 드러나지 않아 잘 느끼지 못하지만, 잠재적으로 인체에 영향을 주는 CTS로, 정신적 CTS와 동일하게 생체위기관리시스템(BCMS)을 작동시킬 수 있습니다. 잠재적/유사CTS가 생체에너지를 자극하여 BCMS를 작동하는 기전이 일반 CTS와 동일합니다. 생체에너지는 생명을 유지하는 미세에너지로 정보를 전달하여 생명활동을 유지합니다. 잠재적/유사CTS도 생체에너지와 에너지장에 영향을 미칩니다. 따라서 잠재적/유사CTS도 PEBO축에 동일하게 작용합니다.

1. 유해 전자파

수면 중 전기장판이나 전기침대에 의해 장기간 영향 받는 강력한 잠재적 스트레스입니다. 뇌는 에너지정보의 송수신기로 중계기 역할을 합니다. 와이파이나 휴대폰 같은 일상적인 고주파수 영역의 전자파나 전기매트 같은 생활용품에서 나오는 저주파수의 전자파 모두 몸의 생체에너지를 교란합니다.

매일 노출되는 전자파는 미세하지만 장시간 지속되므로, 전자파 교란을 복구하기 위해 생체위기관리시스템이 작동할 수 있습니다.

2. 수맥파와 지맥파

지하 수맥으로 인한 생체에너지 교란은 전자파와 같습니다. 따라서 전자파와 수맥파는 무조건 피하는 게 상책입니다. 특히 수맥파와 지맥파가 교차된 지역은 상당히 위험하므로, 몸을 회복하기 위하여 생체위기관리시스템이 작동할 수 있습니다.

3. 탈수(수분과 염분 부족)

소금섭취가 부족하면 염분이 부족해져 수분을 보유할 수 없습니다. 이때 몸은 가뭄경영시스템으로 전환되어 교감신경이 항진됩니다. 생명유지에 필수적인 영양소인 물과 소금, 미네랄, 비타민, 탄수화물, 지방, 단백질 등이 급격하게 부족해지면, 위기상황으로 감지하여 생체위기관리시스템이 작동할 수 있습니다. 예를 들어 탈수관리시스템이 신장에 특수프로그램을 작동하면 부종으로, 폐에 특수프로그램이 작동하면 천식으로 발전할 수 있습니다.

4. 정제탄수화물 과다

당이 많은 음식을 너무 많이 섭취하면 에너지조절에 위기상황을 초래할 수 있습니다. 특히 저항이나 혐오와 관련한 CTS트랙이 있다면, 생체위기관리시스템이 더 빠르게 작동할 수 있습니다.

예를 들어 췌장의 알파세포와 베타세포에 있는 당에너지 조절시스템이 불균형에 빠지면, 에너지조절이 불가능한 위기상황으로 전환될 수 있습니다. 이때에는 2형 당뇨가 발생하게 됩니다.

5. 환경오염/화학용해물질/화학독소(Chemical)

유해한 식품첨가물, 공해오염물질, 농약성분, 화학용해물질 등의 화학독소가 과다하게 유입되면 잠재적/유사CTS가 될 수 있습니다. 예를 들어 수은이나 글리포세이트 같은 농약성분도 전자파처럼 생체의 신호와 대사를 교란합니다. 이런 화학독소는 대뇌 겉질의 사회활동과 대뇌 속질의 자아유지시스템을 붕괴하여 자폐증 같은 정신적 문제를 일으킬 수 있습니다.

6. 병원성 미생물(Microbe)

대부분 인간과 공존하는 미생물은 인체에 영향을 주지 않으며, 힐링과정을 도와 재생 복구에 참여하기도 합니다. 하지만 병원성 미생물이 상처에 난입하여 들어오면 위기상황을 초래하기도 합니다. 정상적으로 있어야 할 곳에서 벗어난 미생물은 인체를 공격하는 적으로 돌변할 수 있습니다. 장내 미생물 생태계의 불균형도 잠재적/유사CTS가 될 수 있습니다.

7. 영적 장애

조상령, 수자령, 지박령, 떠도는 영, 집합령 등의 영적 존재들의 영향, 에너지체의 감염, 카르마 등에 의한 영적 장애도 생체에너지장을 교란하여 잠재적/유사CTS로 작용할 수 있습니다. 실제로 텔레파시, 채널링, 빙의(중첩)의 영적 장애는 보이지 않지만 몸과 마음에 많은 영향을 미칠 수 있습니다.

8. 사고로 인한 2차CTS

사고 후유증으로 공포, 손상, 자기비하가 일어난 경우 2차CTS가 유발될 수 있습니다. 특히 어떤 사람은 암선고로 인한 2차CTS가 엄청나게 큰 충격이 될 수 있습니다.

9. 교감신경 자극

CTS활성단계에서 교감신경을 더 자극하는 음식, 건강식품, 약물 등은 CTS를 종료하는 데 방해가 될 수 있습니다. 건강식품으로 빠른 효과를 봤다면, 그것을 먹고 좋아질 것이라는 기대로 안심이 되어, CTS가 종료된 경우에 해당될 수 있습니다.

원칙적으로 잠재적/유사CTS는 에너지, 영양결핍, 독소, 영적 장애

등의 문제이므로 심리적 충격에 해당되지 않지만, 생존과 번식에 위협적인 경우에는 생체위기관리시스템이 작동할 수 있습니다.

07 특수프로그램

CTS는 몸과 마음에 문제를 일으키는 심리적 원인으로, 감사연습으로 정화해야 합니다. 사고로 인한 상처, 불소나 수은 등에 의한 중금속, 가공식품 섭취로 인한 영양결핍, 항생제나 글리포세이트 같은 농약 성분, 중독 등의 문제도 유사CTS로 작동하여 생물학적 특수프로그램이 작동할 수 있습니다. 유사CTS는 심리적인 원인이 아니지만, CTS와 유사하게 육체의 생존을 위협하는 물리적인 원인을 말합니다. 유사CTS로 문제가 생긴 경우에는 생활환경을 정화해야 합니다.

CTS는 예상치 못한 급박한 상황에서 육체에 가해진 정신적 충격으로, 심리적 영역에서 끝나지 않고, 정신적 충격을 육체적으로 흡수하여 뇌와 장기에서 동시에 충격을 처리합니다.

CTS의 종류에 따라 처리하는 몸의 부위가 각각 다르므로, CTS가 일어난 순간 몸에 영향을 미치는 부위가 정해집니다. 뇌에서도 CTS에 따라 특정부위에 에너지서클이 형성되고, 동시에 뇌의 신호를 받아 장기나 조직에도 특수프로그램이 작동합니다. 특수프로그램은 CTS의 시작부터 종료, 그리고 힐링 과정과 힐링위기(호전반응)를 거쳐 다시 몸이 정상화될 때까지 작동합니다.

심리적 CTS는 아주 위급하고 드라마틱한 상황에서 시작되지만, 가벼운 스트레스, 걱정 근심, 일상에서 받고 있는 전자파와 같은 잠재적 스트레스도 장기화되면, 생체위기관리시스템이 작동할 수 있습니다.

"더 이상은 못 참겠어, 난 폭발 직전이야, 그건 나에게 너무 버겁고 지겨워." 이렇게 인내심의 한계에 다다른 상태로 스트레스가 누적된 경우에도 급박한 CTS와 동일하게 생체에 영향을 줍니다.

질병은 해결하기 어려운 상황이나 사건 사고로 시작되는데, 심리적 영역과 뇌-장기에 동시에 발생합니다. 마음의 영역인 심리와 육체의 영역인 뇌-장기/조직은 분리할 수 없는 하나로 연결되어 있습니다. 단지, 우리의 관념적인 이해를 돕기 위해 분리해 설명하는 것뿐입니다. 실제로는 전혀 분리되지 않으며 전체 영역에서 동시에 발생합니다.

소소한 스트레스나 부조화는 가벼운 질병을 만들지만, 커다란 충격은 심각한 질병을 만듭니다. 일상에서 발생하는 예상치 못한 충격이나 스트레스가 짧은 시간 안에 해소될 경우에는 생물학적인 특수프로그램이 작동했다가 금방 종료됩니다. 하지만, 예상치 못한 충격이 너무 크고 장기간 지속되면, 생물학적 특수프로그램이 장기화되어 심각한 질병상태를 만듭니다.

일상의 소소한 CTS는 가볍게 넘어갈 수 있지만, 심각한 CTS는 질병으로 발전합니다. 누군가에게 말로든 주먹으로든 두들겨 맞거나, 여성이 성추행이나 성폭행을 당하거나, 엄마가 아이를 잃거나, 아버지가 직장에서 쫓겨나는 등 심각한 CTS가 발생하면 질병이 시작될 수 있습니다.

심리적 CTS가 생물학적인 질병이 되기 위해서는 반드시 특수프로그램이 작동해야 합니다. 이 프로그램은 지적인 이해나 합리적 사고를 담당하는 에고의 마음과는 아무런 관계가 없습니다.

이것은 본능의 영역에서 작동합니다. 특수프로그램은 이성적인 영역을 넘어 생물학적인 관점에서 위기상황을 관리하기 위해 작동합니다. 두뇌에서 위기상황을 관리하는 시스템(BCMS)이 항상성모드에서 특수모드로 전환시킬 때, 장기/조직에서 특수프로그램(BSP)이 시작됩니다.

특수모드에서는 CTS이벤트를 처리하기 위해 자신의 의식을 분리(Dissociation)하여 파트(Part)나 측면(Aspect)으로 쪼갭니다. 이 과정에서 기억과 감각이 예민하게, 또는 둔감하게 변합니다. 기억과 감각의 변화로 세포가 증감하면서 질병이 시작됩니다.

의식적 분리로 얼어붙은 측면자아는 괴로움이나 고통이라 불리는 파트이며, CTS가 처리된 후에, 다시 의식적으로 통합하여 나의 자아와 하나로 통합되어야 완전하게 해결됩니다.

CTS의 원인을 감사로 정화하고, 분리된 자아를 감사로 수용합니다. 몸과 마음의 건강을 회복하려면 감사연습을 반드시 실천해야 합니다.

 **감사연습 Q&A**

직장 생활을 하던 중에 무릎에 류머티즘이 와서, 지금은 직장을 그만두고 쉬고 있는데요. 저는 어떤 기억을 정화해야 하나요?

뼈와 관절은 자신을 움직이고 지지하는 중요한 기관입니다. 뼈와 관절은 자기비하CTS와 관련된 기억에 영향을 받습니다. 기억을 리딩해 보면, 예전에 사귀었던 남자 친구와 힘겨운 이별을 한 후에 류머티즘이 시작되었습니다. 당당하고 자존감이 높은 기질을 가진 분인데, 유독 그 남자 친구 앞에서는 작아지고 위축된 느낌을 받았습니다. 남자 친구의 욱하는 성격이 무서워 마음이 조마조마하고, 몸이 긴장하고 굳어지는 것 같았습니다.

연인과 갑작스럽게 헤어지거나, 잔인하게 이별을 하거나, 결혼 전에 파혼을 하게 되면 이별의 아픔을 이겨내기 위해 자아를 강화할 목적으로 류머티즘이 진행되는 경우가 많습니다. 특히 친밀한 사람, 배우자, 연인 등의 배신으로 자기비하(SD)CTS가 발생할 경우 더욱 그러합니다. 감사연습으로 자기 존중과 사랑을 회복해야 합니다.

나는 나를 무시하고 힘들게 했던 남자 친구를 감사로 정화합니다.
나는 잔혹한 이별의 상처를 감사로 정화합니다.
나는 나의 관절이 잘 회복되고 있어 감사합니다.
나는 나를 존중하고 사랑합니다.

10년 전에 아킬레스건이 끊어져 수술을 받은 후 다리 통증이 심해졌는데요. 어떻게 정화해야 할까요?

에너지장을 리딩해 보면, 다리 통증은 빠르게 움직일 수 없는 자기비하CTS와 관련된 것으로 보입니다. 무리한 운동을 하다 아킬레스건이 파열되었는데, 그 원인은 자녀에 대한 걱정으로 자신을 비하하여 아킬레스건이 약화된 것입니다.

변화된 입시에 민첩하게 대비하지 못했기 때문에 아들이 대학에 떨어졌다고 자책했고, 아들이 재수를 해도 원하는 대학에 가지 못할까봐 걱정하면서 자신을 비하하였습니다. 아들에 대한 기억을 감사로 정화하시기 바랍니다.

*나는 아들의 입시를 대비하지 못한 자책감을 감사로 정화합니다.
나는 아들의 진로가 어떠하든, 아들의 선택을 감사하며 받아들입니다.*

뇌동맥류 수술을 2년 전에 받았는데요. 또 뇌에 문제가 생길까 봐 걱정입니다. 어떻게 감사연습을 하면 좋을까요?

에너지장의 기억을 리딩해 보면, 자신의 열등감과 관련된 것으로 보입니다. 나이는 많고 능력은 부족하지만 젊은 상사나 후배들에게 뒤처지지 않기 위해, 더 많은 지식을 쌓으려고 노력했습니다. 경쟁에서 살아남기 위해 뇌를 많이 써야 하는 상황이었습니다. 뇌에 많은 영양과 에너지를 공급하려는 본능 때문에 뇌에 문제가 발생한 것 같습니다. 뇌와 관련된 자기비하CTS를 감사로 정화하시면 됩니다.

　　　나는 있는 그대로 나의 모습을 사랑하고 감사로 수용합니다.
　　　나는 나에게 필요한 충분한 지식을 가지고 있어 감사합니다.

6년 전부터 알레르기성 비염이 시작되어 지금까지 비염으로 고생하고 있습니다. 비염은 어떻게 정화해야 할까요?

직장에서 컴퓨터로 자료를 검색하고 정리하는 업무를 계속하면서 냄새 맡는 코가 예민해지셨네요. 그때 사무실의 차가운 공기가 위기상황의 경보신호로 저장되어 유사한 상황만 되면, 과민반응이 일어나고 있습니다. 경보신호에 대한 기억을 정화하시면 될 것 같습니다.

　　　나는 검색과 관련한 과도한 업무가 주어져 감사합니다.
　　　나는 과민한 코의 알람신호를 감사로 정화합니다.

성대에 문제가 생겨서 좋아하는 노래를 부를 수 없게 되었습니다. 그 이후에는 목에 뭔가 걸려있는 듯한 느낌 때문에 불편합니다. 어떻게 정화하면 좋을까요?

성대와 후두 모두, 자신을 표현하지 못하는 두려움CTS와 관련되어 있습니다. 직장에서 자신의 의견을 완전하게 표현할 수 없는 상황이 반복되고 있습니다. 또 자신이 좋아하는 노래를 마음껏 부르고 싶었던 가수의 꿈을 포기한 기억도 문제입니다. 자신을 완전하게 표현할 수 있도록 감사로 정화하시면 도움이 될 것입니다.

나는 직장에서 나의 의견을 완전하게 표현할 수 있어 감사합니다.
나는 내가 좋아하는 노래를 마음껏 부를 수 있어 감사합니다.

계속 살이 쪄서 미치겠어요. 학교에서 따돌림 당하는 것도 싫고요. 제 모습이 너무 싫어요. 전 앞으로 어떻게 살아야 할지 막막합니다.

학교에서 억울한 일을 당하고 오해를 받아 속상하셨군요. 친구들에게 화가 많이 나있고요. 거기에 엄마의 잔소리도 스트레스이고요. 최근 급격하게 살이 찌면서 더욱 자신감이 떨어지게 된 거지요. 지금 당장은 엄마의 잔소리에 대한 기억부터 정화해야 할 것 같습니다. 부모님이 맞벌이하느라 혼자 방치되었던 과거기억도 정화해야 하고요. 또한 외모 때문에 친구들을 사귀지 못할까 봐 걱정하는 마음도 정화해 보겠습니다.

먼저 혼자 외롭게 지냈던 슬픈 감정과 친구들에게 남아있는 분노의 감정을 안전한 공간에서 마음 놓고 표출합니다. 소리 내어 울어도 되고, 마음껏 화를 내도, 울어도 괜찮습니다. 가슴이 후련해질 때까지 감사연습을 반복합니다.

엄마가 필요할 때 내 곁에 없었던 기억을 감사로 정화합니다.
나는 엄마의 걱정하는 마음을 감사로 받아들입니다.
나는 나를 따돌렸던 친구들에게 실컷 화를 내어 감사합니다.
그리고 친구들을 용서하게 되어 감사합니다.
나는 있는 그대로의 나의 모습을 사랑하게 되어 감사합니다.

최근에 얼굴에 대상포진이 와서 일도 못 하고 1주일간 고생했습니다. 어떤 기억을 정화해야 합니까?

얼굴은 자신의 자존심(체면)을 대표하는 부위입니다. 에너지를 리딩해 보면, 몇 주 전에 얼굴을 화끈거리게 만들거나, 많은 사람들 앞에서 무안을 당하는 일이 있었습니다. 자존감도 세고 예의에 대한 고정관념도 강한 분인데, 조그마한 지적도 참을 수 없었을 것입니다. 창피한 일을 당했던 기억, 그때 느꼈던 분노와 부끄러움의 감정을 감사로 정화합니다. 그리고 나에게 무안함을 느끼게 만든 사람도 감사로 정화합니다.

나는 내 실수와 치부가 드러나 창피했던 기억을
감사로 정화합니다.
나는 나를 지적하는 사람에게 화를 내지 못했던 기억을
감사로 정화합니다.
나는 여러 사람들 앞에서 나에게 모욕감을 안겨준
그 사람에게 감사합니다.

전립선 때문에 오줌을 싸려고 밤 1시쯤 깨면 2시간 정도 잠을 잘 수 없어 힘듭니다. 10년 전에는 전립선암으로 고생한 적이 있습니다. 감사연습을 어떻게 하면 좋을까요?

전립선 문제 때문에 밤잠을 설치는 분들이 많습니다. 특히 나이가 드신 분들에게 전립선 문제가 많이 발생합니다. 전립선은 정자의 운동성과 수정 능력을 향상시키는 전립선액을 분비합니다. 전립선은 남자로서, 아버지로서 자존감을 상징하는 기관입니다. 남자의 자존감을 손상시키는 기억 때문에 전립선에 문제가 생길 수 있습니다.

에너지장을 살펴보면, 오래 전부터 아내에게 받은 상처 때문에 자존감이 무너졌던 기억이 정화되지 않고 남아있습니다. 마음이 유순한 자신과는 완전히 다른, 드센 성격을 지닌 아내와 같이 살면서, 남자로서 자신감도 위축되고 아버지로서 체면도 상실한 경험이 문제를 일으킨 것입니다.

가족 내에서 가장으로서 자신의 존재감이 무너지는 상황을 극복하기 위해서 전립선이 과도하게 활동하게 된 것입니다. 고집 센 아내와 부딪치면 결국 자신의 뜻을 포기해야만 하는 것에 좌절감을 느꼈을 것입니다. 자존심이 손상된 기억들을 찾아 감사로 정화하시면 도움이 될 것입니다.

나는 아내가 나를 무시하고 멸시해도 감사합니다.
나는 남자로서 당당하고 나의 뜻대로 살아가고 있어 감사합니다.
나는 전립선이 건강하게 회복되어 감사합니다.

매일 밤 수면 중에 다리를 움직이고 싶은 하지불안증후군으로 잠을 설치고 있습니다. 어떻게 기억을 정화하면 좋을까요?

에너지장에서 다리와 관련된 기억을 리딩해 보면, 아주 오래전에 군대에서 구타와 얼차려를 받았던 기억이 정화되지 않고 있는 것으로 보입니다. 다리를 움직여서는 안 되는 극한의 상황에서, 교감신경이 과도하게 긴장되는 불안상태를 경험했습니다. 마치 다리에 족쇄를 차고 있는 듯한 느낌과 함께, 왼쪽 다리가 절절하고 찌릿찌릿하면서 힘이 빠진 느낌을 경험하고 있습니다. 뇌는 무의식적으로 약해진 왼쪽 다리의 신경을 강화하려고 합니다.

극도의 공포 상태에서 매를 맞는 장면, 부동의 자세로 다리를 움직일 수 없었던 근무 자세와 얼차려의 기억이 트라우마가 되었다면, 그 기억의 일부분만 떠올려 정화하고, 그다음 장면을 차례로 정화하여야 합니다. 한꺼번에 기억을 모두 떠올려 트라우마가 재현되지 않도록 주의해야 합니다.

나는 군대에서 느꼈던 극도의 공포감을 감사로 정화합니다.
나는 군대에서 구타당한 기억과 구타했던 사람들을
감사로 정화합니다.
나는 다리에 힘을 주고 뻗치기를 했던 기억을 감사로 정화합니다.

15년 전에 난소에 물혹이 생긴 적이 있었는데요. 어떤 기억이 물혹과 관련된 것인지 모르겠습니다.

오래된 과거기억은 잊혀져 쉽게 떠올릴 수 없는 경우가 많습니다. 하지만 에너지장을 리딩하면 세포기억을 알아낼 수 있습니다. 난소와 관련된 기억은 아마도 시어머니와 관련된 것으로 보입니다. 그 당시 시어머니가 닦달해서 피 같은 목돈을 줄 수밖에 없었던 기억이 정화되지 않고 남아있습니다. 자식처럼 중요한 돈을 상실하게 된 기억이 난소에 영향을 주었을 것입니다. 아직까지 시어머니에 대한 불편한 감정이 남아있다면 완전히 편안해질 때까지 감사로 정화해 주세요.

나는 시어머니와 갈등했던 기억을 떠올려 감사로 정화합니다.
나는 소중한 내 돈을 빼앗긴 상실감을 감사로 정화합니다.
나는 난소가 완전히 건강해져서 감사합니다.

어렸을 때부터 시력이 나빠 고생했는데요. 눈과 관련된 기억을 어떻게 정화하면 되나요?

눈과 관련된 여러 가지 기억들이 에너지장에 누적되어 있습니다. 어렸을 때 부모의 가정폭력을 보게 된 기억과 아버지의 죽음으로 아버지가 부재한 상황을 직시할 수 없었던 기억이 정화되지 않고 남아있습니다. 또 몇 년 전 엄마의 죽음을 경험하면서 눈의 문제들이 더 악화되었습니다. 이런 기억들이 시력 저하와 백내장, 그로 인한 망막수술, 라식수술 등과 관련되어 있습니다. 너무 두려워 직시하지 못했던 기억, 보기 싫어 회피했던 기억을 찾아 정화하면 도움이 될 것입니다.

나는 가정폭력을 목격한 기억을 직시하며 감사로 정화합니다.
나는 아버지를 더 이상 볼 수 없는 상황을 받아들이며
감사로 정화합니다.
나는 어머니를 보고 싶어도 더 이상 볼 수 없는 상황을
감사로 정화합니다.
나의 눈이 완전히 회복되어 감사합니다.

결혼 후 시집살이를 하면서 스트레스 받을 때마다 방광염이 왔습니다. 방광염은 왜 일어날까요?

자신만의 영역을 확보하지 못하면 방광이 예민해집니다. 특히 가족 모임이나 명절 때 시월드에 가서 죽어라 일만 하고, 시댁 친척들과도 잘 어울리지도 못하고, 왠지 내가 있어야 할 곳이 아닌 것 같은 느낌이 든다면, 방광이 자극을 받습니다. 나만의 휴식공간이 없고 불안해지면 영역을 표시하려고 본능이 작동합니다. 시월드에서 탈출하여 안전한 집으로 돌아오면 방광의 염증이 시작됩니다. 염증은 힐링단계의 증상입니다. 방광의 CTS가 재발되지 않도록 반복해서 감사로 정화하면 도움이 됩니다.

어디에 존재하든지 관계없이 나만의 안전공간을 만들 수 있어야 합니다. 물리적으로 확보하기 힘들다면 내면에라도 안전공간을 만들어야 합니다. 외부의 상황이 어떻든지 자극받지 말고 내면에 편안하고 안전한 휴식처를 만드세요. 방광염과 관련된 기억을 감사로 정화해 볼까요?

나는 불편한 시월드에서 불안했던 기억을 떠올리며
감사로 정화합니다.
나는 나만의 안전공간이 내 안에 있음을 알고 감사로 수용합니다.
나는 어디에 있든지 나에게 가장 적절하고 좋은 곳에 있음을 받아들입니다.

아내가 위암으로 투병중입니다. 어떤 기억이 암을 일으킨 걸까요?

암과 관련되어 정화해야 할 과거기억들은 너무나 많습니다. 에너지장에 나타난 것처럼 5년 전 출산과 관련된 스트레스가 상당히 컸던 것으로 보입니다. 출산한 아기를 하늘나라로 보내게 된, 감당할 수 없는 충격이 아직 해결되지 않고 남아있습니다.

아이에 대한 미안함과 죄책감을 소화할 수 없었다면 위장의 문제로 이어질 수 있습니다. 충격이 클수록 시간을 끌면 안 됩니다. 충격이 크고 장기화된 CTS는 몸과 마음에 심각한 문제를 일으킵니다. 지금이라도 감사연습으로 그때의 기억을 정화하면 마음이 편안해지실 것입니다. 기억을 공유하는 엄마와 아빠가 함께 정화하면 더 유익합니다.

나는 출산 후 아이를 잃은 충격을 감사로 정화합니다.
나는 미안함과 죄책감을 감당할 수 없었던 기억을
감사로 정화합니다.
나는 아이가 하늘나라에서 행복하게 살고 있어 감사합니다.

유방암을 진단받고 투병 중입니다. 진단받은 후에 죽음에 대한 두려움 때문에 힘든 시간을 보내고 있습니다. 어떻게 제 마음을 정화하면 좋을까요?

유방암으로 진단받은 것도 두렵고, 폐나 뼈로 전이될까 봐 두려워 힘들어 하시는 분들이 많습니다. 암 진단 충격은 2차 문제를 일으키는 CTS로 작용할 수 있습니다. 먼저 진단으로 받은 심리적 충격을 감사로 정화해야 합니다. 진단으로 인한 충격이 사라질 때까지 감사연습을 집중해야 합니다.

유선 부위는 유즙을 만드는 기관이며 여성의 모성본능에 의해 자극을 받습니다. 유선은 자녀를 양육하는 보금자리가 위태롭거나, 아이가 아프거나 양육환경이 좋지 않은 경우에 문제가 발생할 수 있습니다.

최근 남편의 사업실패로 경제적으로 힘든 상황이 되면서, 아이들을 어떻게 키울 것인지 걱정하는 마음 때문에 문제가 시작된 것 같습니다. 일단 걱정하는 마음을 감사로 정화해야 합니다. 그리고 남편이 다시 돈을 잘 벌 수 있게 되면 마음이 안정되어 정화작업이 쉽게 끝날 것입니다. 하지만 남편의 사정이 좋아지지 않아 양육환경이 개선되지 않더라도 지금의 상황을 감사로 수용해야 합니다.

상황이 어떠하든, 먼저 건강부터 회복해야 합니다. 아이들이 스스로 잘 커갈 수 있다는 것을 신뢰하고 받아들여야 합니다. 무엇보다도 자신의 세포가 스스로 치유할 수 있다는 것도 신뢰해야 합니다. 그러면 병원치료와 병행해 모든 것이 다 적절하게 진행될 것입니다.

나는 죽을 것만 같은 암 진단의 충격을 감사로 정화합니다.
나는 경제가 힘들더라도 이 상황을 완전히 수용하고 감사합니다.
나는 아이들이 잘 성장하고 있어 감사합니다.
나는 내 몸이 완전하게 회복되고 있어 감사합니다.

5년 전 자궁경부암으로 자궁을 들어내는 수술을 받았습니다. 저는 어떤 기억을 정화해야 하나요?

자궁과 유방은 여성의 상징이며, 여성으로 살아가면서 겪게 되는 CTS 때문에 문제가 생깁니다. 특히 자궁경부는 여성의 중심센터로 여성의 자존감과 관련된 곳입니다. 자신의 의지와 관계없이 원하지 않는 성관계를 하게 되거나, 원하지 않는 임신을 하게 되는 경우, 강압적 성관계나 성폭행을 당하거나, 배우자나 파트너가 바람을 피우거나, 갑작스럽게 이별하게 되는 경우 등 여성의 삶에 위기상황이 발생하면 본능적으로 자궁경부를 자극하게 됩니다.

5년 전 모르는 남자에게 성추행을 당한 충격으로 CTS가 발생한 것 같습니다. 이미 지나간 일이지만 성과 관련된 불편한 기억이 남아있다면 감사로 정화하는 것이 좋습니다. 성추행한 대상에게 감사하는 것이 아니라, 내 안에 남아있는 기억의 이미지들을 감사로 정화하고 지웁니다. 그 기억들을 정면으로 직시하더라도 아무런 느낌이 들지 않을 때까지 감사해 주세요. 끔찍했던 기억이라면 한 번에 정화하기가 어려울 수도 있습니다. 기억 이미지를 짧은 시간 동안 일부분만 떠올려 정화하면 몸에 무리가 없을 것입니다. 이렇게 반복하면서 점차 기억의 모든 부분을 다 정화해 가시기 바랍니다.

나는 성추행으로 두려워했던 기억을 감사로 정화합니다.
나는 원치 않은 성적 접촉의 불쾌한 느낌을 감사로 정화합니다.
나는 여성으로서 안전하게 살아가고 있어 감사합니다.

최근 혈액검사 결과가 너무 두렵습니다. 전체적으로 혈액수치들이 낮고, 특히 백혈구 수치들이 다 떨어져 면역이 약화되었다는 진단을 받고 걱정입니다. 어떻게 정화해야 할지 모르겠습니다.

병원에서 진행하는 치료 과정을 선택하셨다면 자신의 선택을 믿고 신뢰해야 합니다. 병원 치료를 감사로 수용하면 걱정하는 마음이 줄어들 것입니다.

에너지장의 기억을 리딩해 보면, 태어나기 전에 영적인 존재로 있을 때에도 자신을 비우고 정화하는 수행과 명상에 집착하고 있었습니다. 마음을 비워 깨달음을 얻는 것이 목표였습니다. 인간으로 태어난 이후에도 계속 수행을 멈추지 않고 마음을 비우고 낮추려고만 했습니다.

영적 카르마 때문에, 나도 모르게 수행을 하고 싶고 수행을 하지 않으면 불편함을 느꼈습니다. 너무 비우는 수행에만 치우치다 보니 에너지가 채워지지 않아 문제가 생긴 것입니다. 자신의 존재 가치와 자존감을 대표하는 뼈와 골수에 에너지가 채워지지 않고 있습니다.

나는 이미 신성을 가진 존재인데, 아직도 수련하면서 신성을 추구하고 있습니다. 그런 노력을 할수록 자신의 신성을 부정하고 인정하지 않는 것이 됩니다. 이렇게 신성과 연결이 끊어지면서 생명에너지도 채워지지 않고 있습니다. 비운 만큼 새로운 에너지로 채우시고 **뼛속까지 생명력이 넘치도록** 수련 방법을 바꾸시면 도움이 될 것 같습니다. 깊은 호흡으로 새로운 에너지를 들이마시고 채우시기 바랍니다.

나는 병원의 치료 과정을 완전히 수용하고 감사합니다.
나는 나의 근원인 신성을 인정하고 감사로 수용합니다.
나는 새로운 생명에너지를 뼛속까지 충만하게 채웁니다.

콧물 알레르기의 심리적 갈등

주변에 날리는 꽃가루, 먼지, 동물의 털 등 특정한 항원에 의해서 코가 자극을 받아 콧물이 많이 쏟아져 나오는 콧물 알레르기 때문에 불편하신 분들이 많습니다.

알레르기가 생기면 코가 막혀 충혈이 생기거나, 두통이나 재채기가 일어나고, 숨 쉬기도 불편하고 코 점막이 예민해집니다.

콧물 알레르기의 심리적인 원인을 파악하려면 알레르기를 일으킨 기억을 찾아내야 합니다. 여러 가지 원인을 유추해 볼 수 있는데요, 그중 하나가 아주 고약한 냄새입니다. 실제 고약한 냄새를 맡았거나 상상으로 "아이고, 저거는 정말 고약하겠다."라고 생각해도 똑같이 문제가 될 수 있습니다.

우리 내면은 상상과 실제를 잘 구별하지 못합니다. 아주 고약한 냄새를 맡았던 체험을 하거나, "아이고, 그 냄새는 정말 싫다." 하고 냄새를 맡기 싫어했던 체험을 했다면, 다음에 또 그런 고약한 냄새를 맡지 않기 위해서, 내면에서 갈등이 시작되는 거예요.

"그 냄새를 어떻게든 피해야겠다!"
그 냄새를 맡을 당시에 꽃가루가 많이 날렸다면, 꽃가루와 그 냄새를 결합시켜서 우리 내면에 정보를 저장합니다. 그래서 꽃가루만 날려도 그 냄새를 맡을까 봐 콧물이 쏟아져 나오는 거예요.

그 냄새를 맡을 때, 어떤 소리를 들었다면, 그 소리와 냄새를 결합시켜 정보를 저장합니다. 나중에 그 소리를 다시 들을 때 콧물이 쏟아져 나오는 겁니다. 하필이면 그 냄새를 오후의 어떤 특정한 시간에 맡았다면, 오후의 특정한 시간만 되면 콧물이 나오는 것이지요. 봄과 냄새를 결합하여 저장했다면, 봄이 돌아올 때마다 콧물 알레르기가 생깁니다.

고약한 냄새를 체험했던 당시의 환경정보, 즉 같이 있었던 사람, 꽃가루, 머리카락, 털, 먼지, 소리, 냄새, 계절, 시간, 물건 등과 결합해 하나로 묶어서 저장해 놨다가, 그와 유사한 상황만 되면 그 냄새를 맡지 않도록 콧물을 쏟아내 코 점막을 청소하려고 합니다.

콧물 알레르기는 악취에 대한 갈등, 한마디로 냄새에 대한 저항이죠. 그 냄새를 또다시 맡을까 봐 두려워하는 것입니다. 한마디로 알레르기는 세포 공포증이거든요. 소리를 듣기 싫은 경우에는 귀에 문제가 생기듯이, 냄새를 맡기 싫다면 코에 문제가 생깁니다.

눈으로 보이는 외부의 현실이 있고요. 또 눈을 감으면 떠올려지는 이미지들, 상상들, 소리들, 냄새들 같은 기억정보들이 떠오르죠. 그런 것들이 내면 현실을 이루고 있어요.

내면의 악취와 결합된 기억을 정화하고 싶다면, 내면 현실의 풍경을 아름답게 바꾸고 싶다면, 악취와 결합된 기억을 즐거운 상상으로 바꾸어내면 현실의 전경을 재설정할 수 있습니다. 예전의 냄새 기억을 행복한 상상과 연결하면, 콧물 알레르기에 대한 두려움을 없애줄 거예요.

심리적인 갈등 말고도 독소도 주의해야 합니다. 알레르기 같은 반응은 자가면역질환으로 알려져 있는데요. 자가면역질환을 부추기는 생활습관과 먹거리를 바꾸어야 해요. 첫째는 밀가루가 들어있는 음식을 피해야 합니다. 밀가루에 들어있는 글루텐이라는 단백질이 장누수증후군의 주요 원인으로 알려져 있는데요. 밀가루 음식은 글리포세이트 같은 농약성분과 유전자변형식품 등 여러 가지 문제를 내포하고 있어요. 이런 것들이 알레르기 반응을 부추기는 거잖아요. 그러니까 밀가루 음식은 반드시 피해야 됩니다.

직관적으로 느끼시겠지만, 인스턴트 음식, 화학독소가 많은 가공식품, 농약이 남아있는 식품, 이런 음식은 당연히 피해야 합니다. 체내 독소가 일정량을 넘어서면 우리 면역계가 과민하게 반응합니다. 독소가 많다면, 해독프로그램을 하거나 생활용품과 먹거리를 통해 독소가 들어오는 유입경로를 차단해야 합니다.

장이 안 좋은 분은 에너지영양요법을 병행하면 도움이 될 거에요. 생명의 오일을 만들어 하루 2회 정도 섭취해 주고, 사골국도 활용하세요. 현대인이 부족하기 쉬운 마그네슘, 비타민D3, 소금 등도 잘 섭취하고, 미네랄이 풍부한 워터도 잘 마셔줍니다.

콧물 알레르기를 일으키는 심리적 갈등을 감사로 정화하고, 몸을 예민하게 만드는 독소를 차단하고, 부족한 영양을 잘 보충해 준다면 알레르기를 극복하는 데 도움이 될 것입니다.

Part 4

안전공간
힐링

CTS충격으로 교감신경이 활성화되어 갈등증후군을 겪고 있는 분과 지연된 힐링으로 만성화된 힐링증후군을 겪고 있는 분들에게 스스로 치유하는 명상법을 소개합니다.

안전공간 힐링명상(Safe Space Healing Meditation)은 자신의 몸과 마음에 대한 깊은 이해와 자기신뢰를 바탕으로 실시해야 효과를 볼 수 있습니다. 아직 자신을 100% 신뢰하지 못하는 분에게는 이 명상법이 적절하지 않을 수 있습니다.

01 세포지능

세포는 스스로 치유하는 방법을 알고 있습니다. 세포의 지능은 아직도 인간의 연구로 다 파악하지 못하고 있습니다. 세포는 어떻게 CTS와 독소를 처리해야 하는지, 어떻게 손상된 부위를 치유해야 하는지, 어떻게 외부의 에너지를 처리하여 건강한 몸을 유지할 것인지에 대하여 다 알고 있습니다. 수백만 가지의 프로그램으로 작동되고 있는 세포의 지능은 마음의 지능보다 훨씬 우수합니다.

또한, 세포는 영혼을 위해 어떻게 봉사하고 일할 것인지, 어떻게 물리적 현실을 잘 체험해 나갈 수 있을 것인지에 대한 프로그램도 내장되어 있습니다. 하지만 세포에 내장된 수많은 프로그램이 다 사용되지 못하고 있습니다. 인간의 에너지적 장애와 심리적 왜곡으로 세포의 치유프로그램 일부가 활성화되지 않고 있습니다. 의식이 확장되고 자신이 누구인지 깨어난 사람들은 세포지능을 깨워 활용할 수 있습니다.

먼저 이해해야 할 것은 인간은 육체를 입고 물리적 현실을 체험하고 있는 영혼이라는 것입니다. 어떤 영혼은 진동수준이 낮은 몸과 물질세계가 아주 익숙하고 편하지만, 어떤 영혼은 매우 낯설고 불편합니다. 어떤 영혼은 인간으로 출생하는 도중에 자신의 근원과 분리되면서 불안과 좌절, 분노와 트라우마로 아픈 상처를 지니고 있습니다.

순수한 영혼은 자유롭고 가볍지만, 밀도가 높은 몸은 무겁고 답답하여 영혼을 상당히 힘들게 합니다. 이런 이유로 수면 중에는 영혼이 몸에서 이탈하여 자유롭게 날아오를 수 있도록 꿈이 도입되었습니다. 물리적 체험의 강도가 증가되면서 영혼의 상처도 점차 커지게 됩니다. 긴 인생 여정에서 영혼이 지구에서 길을 잃지 않도록 보호하기 위해 노화와 죽음이 도입되었습니다. 이 때문에 수명이 고대의 기록보다 훨씬 짧아지게 되었습니다.

문제는 노화와 죽음을 프로그래밍하는 과정에서 몸의 치유프로그램 일부가 비활성화된 것입니다. 예를 들면 고대의 인간은 다른 동물들처럼 비타민C를 체내에서 합성할 수 있었지만, 현재 인류는 비타민C를 합성하지 못하게 되어 노화가 빠르게 진행된 것입니다. 마찬가지로 원래 가지고 있는 세포의 재생능력도 손상되고 억제되어, 더 이상 잘린 손가락이 자라나지 않습니다.

안전공간 힐링명상은 원래 가지고 있던 세포의 재생프로그램을 깨우는 작업입니다. 세포에 내재된 치유프로그램을 신뢰하고 다시 활성화하도록 허용하는 명상입니다. 앞으로 과학이 발전하면 에너지 처리만으로 빠르게 손상된 세포를 복구하는 의료장치가 나올 것입니다. 하지만 그 의료장치도 의식과 에너지에 의해 작동되므로 자신의 의식이 확장되고 깨어나야만 원활히 사용할 수 있습니다.

세포의 치유프로그램 허용하기

세포는 스스로 재생하고 치유하는 완전한 프로그램이 내재되어 있습니다. 세포의 치유프로그램은 본능적으로 작동합니다. 따라서 어떠한 외부의 자극이나 도움도 필요하지 않습니다. 세포가 알아서 작동합니다.

문제는 두뇌의 마음이 치유프로그램을 의심하고 불안해하면서 세포의 에너지를 교란시키고 있다는 것입니다. 세포가 마음(뇌)에서 발생하는 혼란스러운 전자기적 신호로 스트레스를 받으면 치유프로그램을 완전하게 작동하지 못하게 됩니다.

또한, 소음, 전자파, 독소, 약물 등 다양한 외부 자극이 주어지거나 환경이 불안정하면, 세포가 외부의 스트레스를 처리하느라 바빠서, 치유에 전념할 수 없습니다.

안전한 공간에서 편안하게 있을 때에만 몸의 에너지가 조율되고, 치유프로그램이 작동하기 시작합니다. 그래서 주로 밤에 잠을 자는 동안 세포가 치유되는 것입니다. 외부에 영향을 받지 않는 공간, 심리적으로 스트레스나 걱정이 없는 환경, 어떠한 강요나 압박이 없는 편안한 시간과 공간이 확보되어야만 합니다.

심지어는 여러 가지 치료와 요법들도 세포에게는 압박으로 느낄 수 있습니다. 가장 안전한 공간에서 세포의 치유프로그램이 완전하게 작동하도록 허용하는 것입니다. 몸에게 뭔가를 요구하고 있는 마음을 다 내려놓고 몸에게 스스로 치유할 수 있는 시간을 주어야 합니다.

의식적으로 깊게 호흡합니다.
몸에게 감사를 표현해 보세요.
치유에 방해되는 모든 것을 제거하고 몸이 스스로 치유하도록 허용합니다.
깊게 호흡하면서 몸을 완전히 이완합니다.
내면의 안전공간으로 들어가 휴식합니다.
이때 내면에서 떠오르는 다양한 삶의 문제들과 감정들을 처리하려고 하지 말고 숨을 내쉬면서 흘려 내보냅니다.

"나는 치유할 준비가 되었습니다. 나의 몸과 영혼이 스스로 치유하도록 방해하지 않고 허용합니다."라고 몸에게 말합니다. 이렇게 몸이 스스로 알아서 치유하도록 허용하고 기다립니다. 마음은 뒤로 물러나 침묵의 공간에서 조용히 휴식합니다.

02 안전공간 힐링명상

스트레스, 강요, 압박, 통제, 조작 등 외부자극이 없는 안전한 공간에 존재하면서, 몸의 재생 능력이 작동하도록 허용하며, 몸이 스스로 알아서 치유되기를 기다립니다. 마음은 의식적인 호흡을 하면서, 몸의 모든 통신채널이 회복되도록 심리적 제약과 기대를 내려놓고 휴식합니다. 안전공간 힐링명상은 몸, 마음, 에너지, 영혼과의 소통을 회복해 자연치유가 일어나도록 허용하는 기술입니다.

힐링 음악, 향기, 빛, 마사지, 전기자극 등 외부의 자극이 필요하다고 생각하시는 분에게는 아무것도 하지 않는 안전공간 힐링명상이 상당히 어색하게 느껴질 것입니다. 외부에서 자극을 가하는 힐링테라피에 익숙하신 분이나 외부에서 뭔가를 받아야만 치유될 것이라는 신념을 가진 분에게는 다소 이상한 힐링법이 될 것입니다.

외부의 안전공간은 가족이나 남에게 방해받지 않고, 자신만 홀로 쓸 수 있는 공간이 필요합니다. 처음에는 자신의 방에서 연습하고, 나중에는 사무실이나 자동차, 심지어는 화장실 등 어디에서도 안전공간을 만들 수 있습니다. 적절한 온도와 습도, 편안한 조명만 유지되면 명상 중에 방해받지 않을 것입니다. 안전공간 안에 힐링에 도움이 된다고 여기는 그림, 촛불이나 향기, 힐링 음악 같은 것이 없을수록 좋습니다.

외부에 안전공간을 만든 후에, 명상을 하면서 내면에 안전공간을 만들어야 합니다. 호흡이완연습으로 침묵의 공간으로 들어갑니다. 깊게 호흡하면서 점차 외부의 자극에서 벗어나 편안하게 이완하고 휴식할 수 있어야 합니다. 안전공간에 들어가는 연습을 익숙하게 하면, 아무리 시끄러운 시장 한복판에서도 자신만의 안전공간을 만들어낼 수 있습니다.

내면의 안전공간에 들어가면, 삶의 고민들, 몸의 건강문제들, 풀려나지 않은 오래된 감정과 생각들, 불편한 대인관계 등이 떠오를 것입니다. 이것들에 주의를 빼앗기면 내면의 공간은 매우 시끄러워집니다. 깊게 의식적으로 호흡하면서 흘려보내야 합니다. 마음은 몸에게 이렇게 해야 치유가 될 것이라면서 떠들어댈 것입니다. 또 마음은 빨리 치유되어야 한다면서 치유의 결과를 예측하면서 몸에게 압박을 가할 것입니다. 마음이 기대하는 대로 몸을 만들려고, 몸에게 스트레스를 가하려고 할 때에도 깊게 호흡하면서 흘려 내보내야 합니다.

　세포는 생각을 그대로 반영하고 흉내 내고 있습니다. 세포는 거울처럼 나를 반영하고 있습니다. '나는 건강하다'라고 생각하면 세포도 자신이 건강하다고 생각합니다. '나는 아프다'고 생각하면 세포도 아프다고 생각합니다. 세포는 나를 그대로 흉내 내면서 내가 믿는 대로, 말한 대로, 생각하는 대로 이루려고 열심히 일하고 있습니다. 몸은 진짜 '나'를 그대로 흉내 내고 따라 합니다.

　문제는 마음이 자꾸 자신이 주인인 것처럼 하면서 몸에게 지시하고 통제합니다. 마음은 영혼과 조율하여 영혼을 흉내 내야 하는데, 영혼을 제쳐놓고 자꾸만 자기 마음대로 하려고 합니다. 그래서 항상 마음이 문제인 것입니다. 마음이 영혼과 소통하지 못하기 때문에, 영혼을 잘 알지도 못하고 영혼을 위해 일하지도 않습니다. 자신의 마음을 통제하고 마음을 영혼과 합일시키는 것이 세상을 지배하는 것보다 어렵습니다.

　진정한 자아인 '나'는 몸도 마음도 아닙니다. 비유하자면 몸은 영혼이 지구여행을 하기 위해 타고 있는 자동차와 같습니다. 마음은 그 자동차에 장착된 AI 컴퓨터와 같습니다. '나'는 영(Spirit)이라고 불리는 에너지장도 아닙니다. 에너지장은 비물리적인 운송수단이며, 단순히 다른 존재들과 연결하는 도구입니다. 몸과 마음과 에너지장이 다 정체성과 지능을 가지고 있지만 진짜 '나'는 아닙니다. 몸과 마음과 에너지라는 3개의 층으로 되어 있는 생일케이크에 꽂혀있는 촛불이 바로 진짜 '나'입니다. 케이크는 촛불을 위해 존재하는 것입니다.

몸은 진짜 '나'를 흉내 내는 도구입니다. 마음은 몸을 통제하고 주도하려고 애를 쓰지만 몸이 잘 따라주지 않습니다. 몸은 마음의 요구에 관계없이 진짜 '나'를 흉내 내고 반영하고 있을 뿐입니다.

내가 나를 고통스럽게 하면 몸도 몸을 고통스럽게 하고, 내가 나를 미워하면, 몸도 몸을 미워합니다. 내가 치유를 허용하면 몸도 치유를 허용합니다. 몸에 치유를 허용하는 것은 전적으로 자신에게 달려있는 것입니다.

몸의 치유프로그램을 방해하는 것은 바로 마음입니다. 마음은 몸을 치유하려고 몸을 통제하고 몸에게 압력을 가합니다. 마음은 항상 몸을 의심하고 몸을 빨리 치유하려고 조바심을 내기 때문에, 마음을 내려놓고 몸에게 치유를 허용하는 것이 어려운 것입니다.

질병의 이득

아픈 사람들을 관찰해 보면 몸의 불균형을 진짜로 즐기고 있는 사람도 있습니다. 질병으로 이득을 취하고 있다면 질병에 대한 욕심을 내려놓기가 어렵습니다.

  예를 들어 시어머니 때문에 시집살이가 힘든 며느리는 심각한 질병에 걸리는 선택을 할 수도 있습니다. 질병에 걸리면 시어머니의 잔소리에서 벗어날 수 있기 때문입니다. 이렇게 질병은 삶에 대한 저항과 회피의 구실이 될 수 있습니다.

  반대로, 질병은 긍정적인 이득을 주기도 합니다. 질병이 더 큰 성장의 기회가 되기도 하고, 삶을 전환하는 계기가 되기도 합니다. 질병은 몸 안에 정체된 에너지를 처리하고, 독소를 해독하는 힐링의 과정이기도 합니다. 이런 관점에서 보면 질병은 축복입니다.

  또한, 어떤 영혼에게는 더 이상 흥미 없는 지구여행을 마치고, 지구를 떠나는 방법이 되기도 합니다. 질병은 어떤 식으로든 내가 배우고 깨달아야 할 것들이 있다는 영혼의 신호입니다. 내가 저항하고, 두려워하고 무시하고, 폄하하고 미워하고 의심했던 나의 측면들이 통합되지 못하고, 분리된 채 남아있다는 것을 알려줍니다.

  지구의 에너지가 전환되는 과정에서 에너지변화증후군을 겪고 있는 사람들도 많습니다. 새로운 에너지의 유입과 지구의 집단의식의 상승으로 개인의 에너지도 변화되고 있습니다. 이 과정에서 육체적, 심리적 증상과 더불어, 식습관, 수면, 체중, 직업의 변화, 가족과 대인관계의 변화 등이 일어납니다. 에너지변화증후군은 에너지의 변화 기간 동안 일시적으로 또는 장기간 나타날 수도 있지만, 큰 문제가 되지 않습니다.

질병은 영적인 더 큰 이해에 도달하게 만들고
인생에서 자신의 역할에 대한 교훈을 얻게 해줍니다.

03 안전공간 힐링명상 활용

아직 치유를 허용하지 못하는 사람들은 마스터와 함께 안전공간 힐링명상을 연습하면 도움이 될 것입니다. 함께 명상하는 동안 치유작업이 자연스럽게 시작됩니다. 함께 대화를 나누면서 안전공간에 존재하는 것만으로도 몸과 마음이 편안해질 것입니다. 서로 신뢰하는 관계가 형성되면 에너지가 흐르면서 치유가 시작될 것입니다.

안전공간에서 몸의 재생 과정을 촉진하는 가장 좋은 방법은 자신에 대한 사랑을 표현하는 것입니다. 자신에 대한 사랑은 다른 사람들이 방해하지 않는 개인적 공간에서 실시합니다. 내가 몸을 사랑할수록 몸은 더 많이 사랑에 반응합니다. 세포와 DNA는 사랑에 공명하도록 설계되어 있습니다. 자신에 대한 사랑이 커지면 몸과 마음이 영혼과 연결되고, 더 높은 영역까지 세포통신채널이 열려 고차원의 지혜와 정보를 전달받을 수 있습니다. 세포통신이 회복되면 간차원 DNA에 저장된 세포설계도에 따라 세포를 제대로 복제할 수 있습니다. 세포통신이 잘되면 치유 과정이 정상적으로 잘 진행됩니다. 사랑이 기적을 일으키는 이유가 바로 이것 때문입니다.

가족이나 조상으로부터 아픈 과거기억이 전달되어 생기는 유전적 카르마의 에너지를 풀어내는 데도 안전공간 힐링명상이 유용합니다. 자신의 인생카르마와 마찬가지로 가족에게 물려받은 혈통카르마도 풀어내 정화해야 합니다.

　이원성 에너지는 극성에 의해 힘(power)이라는 환영을 만들어냅니다. 힘을 가하면 반대편에서 저항하는 힘이 발생합니다. 힘의 작용력이 잘 조절되지 않으면 오히려 문제를 일으킵니다. 끌어당기는 유인력이나 밀어내는 저항력의 일부만 사용하면 에너지는 균형을 맞추기 위해, 내가 원하지 않은 반대의 힘을 만들어냅니다. 안전공간 힐링명상은 이원성에너지를 사용하지 않으므로 힘이나 자극을 가해서는 안 됩니다. 치유에너지는 무극성의 순수한 에너지만을 사용해야 합니다.

　자신만의 안전공간에서 에너지를 충전하면, 자연치유력이 향상되고 노화를 역전하여 수명을 연장시켜 줄 것입니다.

명상 전에 어떤 음식을 먹어야 할까요?

　이것 또한 같은 원리로 하시면 됩니다. 몸은 어떤 음식이든지 소화할 수 있으며, 어떤 음식은 몸에 유익하고 어떤 음식은 몸에 해롭다는 생각은 몸의 능력을 스스로 제한하는 자기충족예언입니다.

　몸의 느낌을 완전히 신뢰하면 자신에게 가장 필요한 음식이 생각나고, 그 음식을 먹고 싶을 것입니다. 몸이 원하는 대로 먹으면 됩니다. 하지만 기호식품처럼 중독성이 강한 음식이 먹고 싶다면, 몸이 정말로 원하는 것인지 충분히 느껴보고 체크해야 합니다. 몸 안에 중독을 일으킨 독소가 있다면, 그 독소가 들어있는 음식을 끌어당깁니다. 독소가 빠져나가고 몸이 깨끗해지면 몸이 적절하게 음식을 조절하게 됩니다.

생명에너지가 없는 가공식품은 소화 과정에서 생명에너지를 부여하지만, 너무 과하게 섭취하면 에너지적 부담이 가중됩니다. 생명에너지가 풍부한 음식일수록 건강에 도움이 됩니다. 치유를 위해 안전공간 힐링명상을 하고 있다면, 힐링 과정에 필요한 영양을 충분히 공급해주어야 합니다.

부정적인 생각이 건강을 해칠 수 있나요?

실제로 생각은 그리 큰 영향력이 없으나 감정이 동반된다면 몸에 상당한 영향을 미칠 수 있습니다. 가령 '이런 음식은 몸에 해로우니 먹어서는 안 돼.'라고 생각한다고 해도 바로 몸이 나빠지지는 않습니다. 단지 그런 신념을 가지고 있으면 나중에 그 음식 때문에 다소 불편함을 겪을 수 있습니다. 하지만 그런 부정적인 생각을 하면서 두려움의 감정도 함께 일어난다면, 몸에 상당한 영향을 미치게 됩니다. 세포들이 두려움의 감정 물질과 독소를 만들어 다양한 장애를 일으킬 수 있습니다.

부정적인 생각도 문제지만, 부정적인 생각을 하면 안 된다는 신념으로 엄격하게 자신의 생각을 통제하면, 몸과 마음과 에너지와 영혼 간의 통신체계가 교란되는 것이 더 큰 문제입니다. 부정적인 생각보다 통제하는 마음이 더 문제인 것입니다.

건강식품을 활용해도 되나요?

건강식품을 일시적으로 활용하는 것은 문제가 되지 않습니다. 하지만 건강식품을 장기간 의존해서는 안 됩니다. 결국 세포는 건강식품을 의존한 당신 자신을 그대로 반영해 줄 것입니다. 건강식품을 세포보다 더 신뢰하면 세포는 제대로 일을 할 수 없게 됩니다. 이 세상에서 가장 강력한 에너지는 바로 당신입니다. 당신이 세포를 무력화시킬 수 있다는 사실을 알아야 합니다.

마찬가지로 다양한 치유기법들과 대체요법들도 일시적으로 에너지 균형을 잡기 위해 사용해야 합니다. 스스로 치유할 수 있을 정도로 의식 수준이 올라서기 전까지는 건강식품이나 에너지테라피의 도움을 받는 것도 괜찮습니다.

특히, 에너지변화증후군을 겪고 있다면 에너지의 변화로 인한 스트레스가 가중되어 많은 영양이 필요할 수 있습니다. 이때에는 건강식품이나 에너지테라피가 유용합니다.

세포의 통신채널을 회복하는 방법은?

세포통신망이 회복되어야만 세포를 완벽하게 재생할 수 있습니다. 세포통신을 교란하는 마음을 정화하고 세포의 재생능력을 완전하게 신뢰하세요. 그리고 몸에게 감사하고 사랑해 주세요. 세포통신망은 주로 세포핵의 DNA와 세포막의 당사슬과 관련이 있습니다. 영양결핍으로 세포통신망이 손상된 분은 핵산과 글리코영양소가 풍부한 음식을 충분히 섭취하면 도움이 됩니다.

암을 치유하는 데도 도움이 될까요?

암은 어떤 전문가도 쉽게 조언하기 힘든 부분이 있습니다. 암이 발병한 분은 담당의사와 먼저 상의하시기 바랍니다. 암은 종류에 따라 스트레스와 에너지 관리 방법이 다르니 전문가의 도움을 받으시기 바랍니다.

누구나 예기치 않은 CTS를 받으면 본능적으로 위기관리시스템이 작동하는데, CTS를 처리하는 과정에서 현미경적 수준의 암이 생겼다가 사라집니다. 이 과정은 가벼운 염증 정도로 끝날 것입니다. 하지만 CTS활성단계가 장기화되거나, 반복재발로 인해 힐링 과정이 지연된 경우에는 진단이 가능할 정도로 암이 커지게 됩니다. 세포가 이상증식을 하고 있어도 면역세포들이 알아내 공격하지 못하는 것은 세포통신이 차단되었기 때문입니다. 암세포는 몸의 통신체계에서 벗어나 독자적으로 특수임무를 수행합니다. CTS를 처리하는 특수임무가 끝나면 면역세포와 미생물의 도움으로 원래대로 회복됩니다.

CTS는 독자적인 에너지시스템(에너지서클)을 두뇌에 형성하고, 그 에너지시스템과 연결된 기관이나 조직에 특수프로그램을 작동시킵니다. 특수프로그램은 생존과 번식, 욕구와 저항, 두려움과 분노, 분리와 상실, 공격과 방어, 자기비하 등의 CTS를 처리하는 본능프로그램입니다. 이 외에도 외부의 유해환경, 전자파, 카르마, 영적 장애 등에 의해 특수프로그램이 작동되기도 합니다.

안전공간 힐링명상으로 CTS를 종료하고 세포통신망을 회복하면 몸이 알아서 치유하기 시작합니다. 암세포는 기존의 통신체계에 들어가 정상세포가 될 것인지, 아니면 제거될 것인지 스스로 결정하게 됩니다.

의료적인 치료로 암을 제거한다고 해도 재발되는 경우가 많습니다. 암세포를 제거하더라도, CTS가 종료되지 않으면 또 다시 문제를 일으킬 수 있습니다. 해결되지 않은 CTS에너지는 종료될 때까지 끈질기게 따라다니므로 CTS를 정화해야 합니다.

안전공간 힐링명상의 장애물은?

몸은 스스로 치유합니다. 몸을 이루는 세포, DNA, 분자, 에너지 입자까지 모든 수준에서 치유를 위한 모든 정보를 다 알고 있습니다. 하지만 두뇌의 마음은 몸에 대하여 잘 알지도 못하면서, 몸을 통제하고 조작하려고 압력을 가합니다. 마음의 원래 속성이 그러합니다. 마음은 시끄러운 생각과 부정적인 감정을 일으켜 세포통신을 방해하고 교란시킵니다. 마음을 잠시 내려놓는 것이 중요합니다.

그리고 물리적인 환경도 중요합니다. 수맥파, 지맥파, 전자파 등이 있다면 세포에게 잠재적 스트레스를 가할 수 있습니다. 특히, 수맥파와 지맥파의 교차점은 건강에 위협을 가하므로, 안전공간에 유해한 파동이 있다면 주의해야 합니다.

수련이나 명상도 꾸준히 하는데도 몸이 아픈 이유는?

의식이 깨어나고 가슴이 열리고 있는 분이라면 일반인보다 더 아프기 쉽습니다. 그 이유는 첫째, 지구의 변화와 함께 새롭게 유입되고 있는 에너지의 압력으로 에너지변화증후군을 겪는 경우입니다. 자신만의 안전한 힐링공간에서 충분히 휴식하는 시간을 가져야 합니다.

둘째, 의식이 확장되고 열릴수록 주변의 에너지에 예민해지거나, 다른 사람의 에너지를 끌어당기는 경우입니다. 공감하는 능력이 뛰어난 분들은 가까운 가족이나 친구, 애인, 애완동물 등 주변의 에너지를 끌어당겨 대신 치유하는 역할을 하기도 합니다. 체질적으로 에너지를 잘 받아들이는 분은 무의식적으로 치유의 미션을 수행하고 있는 경우도 많습니다. 이런 분들도 안전공간에서 힐링하는 시간을 가져야 합니다.

셋째, 지구와 집단의 에너지를 떠안은 경우입니다. 지구 곳곳에서 일어나고 있는 지진, 화산, 태풍 등 강렬한 정화작용에 예민하게 반응하거나, 국가나 민족, 지역사회의 부정적인 이슈 등 집단에너지를 떠안아, 에너지를 정화하고 있는 분들에게 해당됩니다. 이런 분들도 안전공간 힐링명상이 필요합니다.

화학적으로 가공된 약물/식품을 계속 먹어야 할까요?

화학적으로 가공된 약물/식품을 의지하지 않아도 되는 수준에 오른 분은 스스로 알아서 선택하실 수 있습니다. 여러 가지를 고려해야겠지만, 가장 좋은 방법은 몸에게 직접 물어보는 것입니다. 몸은 매번 다른 대답을 할 수 있습니다. 어떤 경우에는 "네, 먹는 것이 좋겠습니다.", 어떤 경우에는 "아니요, 스스로 치유될 것입니다."라고 말해줄 것입니다. 몸에 유익한 음식이나 건강식품을 찾아주는 상담을 받거나 에너지를 테스트하는 방법을 배워 활용하시면 도움이 됩니다.

치유의 도우미는 어떤 역할을 하나요?

에너지 마스터가 되면 자연스럽게 치유의 도우미가 될 수 있습니다. 치유의 도우미는 처음 연습하는 분에게 안전공간 힐링명상을 하는 방법과 의미를 제대로 알려주어야 합니다. 치유의 촉진자로서, 먼저 자신만의 안전공간에 들어가 존재하기만 해도, 초보자가 쉽게 따라 할 수 있습니다. 안전공간 힐링명상의 모델이 되면 그것으로 충분합니다.

특별한 에너지테크닉을 실시하지 않아도, 도우미와 함께 대화하고 호흡연습만 하고 있어도, 에너지가 알아서 스스로 치유하기 시작합니다. 에너지를 의도적으로 보내거나 주입하려고 조작하지 말고, 에너지가 마스터의 의도에 따라 스스로 일하도록 허용해야 합니다.

처음 안전공간 힐링명상 하면 어떤 반응이 일어날까요?

첫째, 처음에는 몸이 다소 혼란스러워하면서 스스로 일하지 않을 것입니다. 몸이 항상 마음의 지시만 받아왔기 때문에 갑자기 마음이 아무런 일을 하지 않으면, 몸이 당혹스러워할 것입니다. 그래도 마음은 잠잠하게 기다리고, 몸이 알아서 하라고 허용해야 합니다.

둘째, 마음속에 있는 고민이나 두려움이 의식의 표면으로 떠오를 것입니다. 마음의 문제들에 주의를 빼앗기지 말고 깊은 호흡으로 이슈들을 다 흘려 내보냅니다.

셋째, 명상을 시작하면 CTS가 종료되고 부교감신경이 우세해지면서 힐링단계에 들어갑니다. 힐링단계에서 염증이나 통증 같은 힐링증후군이 나타날 수 있습니다. 피부발진이나 땀으로 독소가 배출되기도 하고, 피로가 몰려와 며칠간 잠을 자기도 합니다.

넷째, 안전공간 힐링명상을 지속하면 식사, 생활습관, 약 먹는 방식, 수면, 체중 등 다양한 변화가 일어납니다.

다섯째, 세포재생능력과 세포통신이 회복되면 영적능력도 계발될 수 있습니다. 안전공간에서는 자신의 삶을 새롭게 디자인할 수 있으며 수명의 길이도 재설정할 수 있습니다.

전신마사지기 같은 의료 기구를 사용해도 되나요?

마사지나 힐링테라피를 한 후에 안전공간 힐링명상을 하면 근육이 이완되어 명상에 도움이 될 수 있습니다. 치유도구들은 모두 외부 자극에 해당하므로, 도구를 사용하지 않는 안전한 공간에서 몸이 스스로 치유하도록 허용하는 것이 중요한 포인트입니다. 따라서 치유도구는 명상 전에 사용하고, 안전공간 힐링명상 도중에는 자극을 하지 않아야 합니다.

우울증 같은 정신적 문제에도 도움이 될까요?

정신질환으로 고통받는 분들이 계속 증가하는 이유를 알아보겠습니다.

첫 번째 원인은 현대사회가 정보사회로 발전하면서, 다루어야 할 정보와 에너지의 양이 너무 많아, 마음에 과부하가 걸리기 때문입니다.

두 번째 원인은 지구의 전환과 함께 인간의 정신활동이 가속화되고 있기 때문입니다. 지구자기장이 약화되면서 새로운 우주에너지가 유입되고 있습니다. 지구자기장의 감소로 생체에너지장도 약화되어 묶여있던 낡은 에너지와 카르마가 풀려나고 있습니다. 또 새로 유입된 에너지가 몸과 마음의 변화를 가속화하여 부담을 주고 있습니다. 각 개인의 진화와 인생 계획에 따라 시간차가 있지만, 지구와 우주의 에너지 변화로 모두가 에너지변화증후군을 알게 모르게 겪고 있는 것입니다.

세 번째 원인은 에너지변화증후군을 정신질환으로 보고, 약물을 과도하게 사용하기 때문입니다. 약물을 장기간 사용하면 증상을 덮을 수 있어도, 새로운 에너지의 흐름을 차단하고, 불균형한 에너지는 오히려 강화되기 때문에 주의해야 합니다. 불균형한 에너지가 그대로 사후까지 이어지면 생애의 카르마로 작용할 수 있습니다.

마음은 3차원 물질세계에서 인간으로 살아갈 수 있도록 개발된 프로그램이기 때문에, 보이지 않는 에너지를 처리하는 것을 어려워합니다. 마음의 특성이 그러하므로 전자기적 과부하가 걸리면 고장 나기 쉽습니다. 대부분의 정신적 문제들은 마음의 과부하 때문에 생깁니다. 과부하로 정체된 에너지를 풀어내려면 의식적 호흡을 해야 합니다. 호흡은 막혀있는 에너지를 흐르게 하고, 에너지를 고르게 분배하여 기분을 좋게 만들어 줍니다.

일반적인 사람들의 정신적 문제는 여러 생애를 걸쳐, 장기간 불균형한 에너지상태를 이어온 카르마 때문에 일어납니다. 장기간 정신적 압박을 가하거나, 자신을 스스로 학대하거나, 성적 도취나 중독에 빠져있거나, 자신을 강화하려고 과도한 망상이나 정신활동에 집착하는 삶을 살았다면, 정신적 불균형을 체험하면서 오래된 낡은 에너지를 풀어내고 있을 것입니다.

비물리적 영역에서 특별한 업무를 수행하고 있는 사람은 현존감이 떨어지고 현재의식이 결여된 상태로 살아갑니다. 그리고 이 세상을 떠나기 위해 다른 차원에 적응 중인 사람도 그러합니다. 치매도 그런 유형 중의 하나입니다.

주변 사람들이나 가족의 정신적 에너지를 떠안아 대신 고통받는 경우, 다른 차원의 비물리적 존재들에게 영향을 받는 영적 장애인 경우에도 정신적인 문제가 일어날 수 있습니다.

정형화되고 표준화된 마음은 이 세상을 다른 사람과 똑같이 인식하지만, 마음의 감각 스펙트럼이 조금만 넓어져도 다른 영역의 존재를 보거나 다른 차원의 정보를 수신하기도 합니다. 이런 경우에도 일반인과 다르게 약간 미친 사람처럼 보일 수 있습니다.

또 다른 이유로는 인간으로 태어나기 전에 영적계보 안에서 발생한 카르마와 영적 세계에서 받았던 충격도 정신적 불균형의 원인으로 작용할 수 있습니다. 또 아주 오래전에 인류에게 가해진 정신적 학대와 세뇌작업의 상처로 인해 정신적인 문제가 올 수 있습니다.

어떤 원인이든 결론은 근원과의 분리되어 에너지가 차단되었기 때문에 마음에 지옥을 만들게 된 것입니다. 몸과 마음을 표준화하여 현생인류의 틀을 갖추는 과정에서, 강력하게 실시된 에너지적 제약과 세뇌작업은 영혼에게도 힘든 과정이었습니다. 정신을 피폐하게 만드는 실험들로 자아분열, 다중인격, 정신지체장애 같은 불균형을 만들어내었고, 그 트라우마의 흔적이 남아 지금도 그 기억을 재생하고 있는 사람들이 많습니다.

카르마의 법칙에 따라, 정치적 지배계층과 피지배계층은 번갈아 가면서 환생을 하게 됩니다. 어떤 생애에서는 다른 사람의 마음을 세뇌

하고 통제하는 지배계층의 역할을 하기도 하고, 어떤 생애에서는 세뇌 당하고 통제받는 피지배계층이 되기도 합니다. 가해자와 피해자를 번갈아 가며 체험한 기억정보는 에너지장에 불균형을 만들어 정신적으로 미치게 합니다. 이런 격렬하고 가학적인 에너지게임은 어떤 약물로도 치유할 수 없습니다. 고통스러운 기억정보를 에너지장에서 풀어내고 원래의 순수한 에너지상태로 되돌리는 방법밖에 없습니다.

또 다른 정신적 불균형을 일으키는 양상은 내면의 에너지가 충돌하는 것입니다. 내면의 에너지는 미약해 보이지만 몸에는 강력하게 작용합니다. 내면의 에너지가 몸에 생명력을 불어넣고, 세포의 생명활동을 제어하고 있기 때문입니다. 서로 다른 파동을 가진 에너지가 내부에서 충돌하면 몸과 마음이 혼란에 빠지게 됩니다. 집단의식이나 주입식 교육으로 세뇌된 신념들, 뿌리 깊게 박혀있는 낡은 관념들, 이런 오래된 에너지들은 새로운 의식과 에너지에게 자리를 내어주지 않으려고 저항합니다.

"더 이상 낡은 에너지를 붙들고 살고 싶지 않아! 이제는 다 내려놓고 흘러가게 할 거야. 그래야만 새로운 에너지가 들어올 수 있어." 이렇게 선택하지만 기존의 에너지는 나가지 않으려고 저항합니다.

"안 돼! 그렇게 다 내보내면 네 자신이 무너질지도 몰라. 모든 것을 다 잃을 수도 있어. 그냥 예전대로 사는 것이 편하지 않니?"라고 하면서 온갖 유혹과 협박으로 저항할 것입니다.

내면에서 두 가지의 마음이 충돌하면서 또 다른 정신적 갈등과 혼란이 시작됩니다. 몇 번의 실패를 거듭하면서 오래된 낡은 에너지는 점점 새로운 에너지로 전환되어 가겠지만, 관념의 틀이 너무 강한 사람은 이번 생애에서는 에너지 전환을 성공하지 못할 수도 있습니다.

아주 오래된 영혼의 상처, 카르마와 내면의 갈등으로 에너지가 불균형하고 약해지면 쉽게 외부의 에너지, 즉 영에 의해 조정당하거나 에너지를 빼앗길 수 있습니다. 주위에는 눈에 보이지 않은 수많은 영적 존재들이 에너지를 찾아 헤매고 있습니다. 근원으로 돌아가지 못해 떠돌고 있는 영들이 나의 에너지장에 달라붙어 에너지를 빨아먹고 있다면 몸과 마음에 다양한 불균형을 유발할 것입니다. 실제로 이런 영들을 처리하기만 해도 치유되는 사례가 많습니다.

이런 어둠의 영적 존재들을 처리하기 전에, 자신의 에너지장을 강화하여 균형을 유지할 수 있는 상태에서 처리해야 하기 때문에, 에너지 마스터가 되는 특별한 훈련을 받아야만 합니다.

이미 죽은 가족이나 조상령과 연결되어 유전적 질환이 후손에게 전달되는 경우도 있고, 장례식, 유흥업소, 치료시설, 제사, 종교행사 등 영혼들이 많이 모이는 장소나 사건 사고가 일어났던 장소에 갔다가 빙의된 경우가 많습니다. 이런 경우에도 영적 존재들이 달라붙어 에너지를 빨아먹고, 그들의 불균형한 에너지에 전염되어 이유를 알 수 없는 신병에 걸리기도 합니다. 위에서 살펴본 것처럼 결국 문제의 원인은 근원과의 단절과, 그로 인한 에너지의 공급차단에 있습니다.

정신적, 영적 문제가 있는 사람들이 스스로 치유하기 어려운 이유는 첫째로 에너지의 균형을 잡는 의식적 호흡이나 명상을 실천하지 못하기 때문입니다. 의식이 불분명하고 주의를 집중하지 못해, 스스로 에너지를 관리할 수 없는 상태이므로 약물이나 처치에만 의존해야 합니다.

둘째는 달라붙은 영적 존재들을 알아챌 정도로 민감하지 않고, 설사 안다고 해도 스스로 그 존재들을 떨어내지도 못하기 때문입니다.

마지막으로 가장 어려운 이유는 자신을 스스로 치유할 수 없다고 믿고, 자신의 천부적인 권한과 능력을 포기하기 때문에 에너지게임의 희생자로서 살아가게 됩니다. 에너지게임에서 벗어나려면 다음의 에너지원리를 숙고해 보세요.

당신이 정화하면 사라집니다.
당신이 수용하면 채워집니다.
당신이 선택하면 창조됩니다.
당신이 선언하면 실행됩니다.
당신이 저항하면 지속됩니다.
당신이 집중하면 커집니다.

몸의 통증을 치유하는 데도 도움이 될까요?

가만히 있어도 통증을 느낀다면 안전공간에 들어가기가 힘들 것입니다. 만성화된 통증이 있다면 먼저 감사연습을 해야 합니다. 내가 내 삶의 주인이 되지 않으면 온갖 불행과 아픔을 체험하게 됩니다. 먼저 감사연습으로 삶을 수용해야 합니다.

통증 때문에 일도 못하고, 돈도 없어 힘든 나날을 보내고 있는 자신에게 감사해 보세요. 처음에는 자신에게 화도 나고, 자신을 원망하며 후회하는 생각들이 떠오를 것입니다. 앞으로 어떻게 살아가야 할지 걱정하면서 잠도 제대로 못 자고, 매일 우울한 날을 보내고 있습니다.

이 지점까지 이르렀다면, 감사연습을 하기에 가장 좋은 시기입니다. 감사연습은 나자신의 근원이 나의 영혼에게 주는 가장 큰 선물입니다. 힘들지 않았다면 감사연습을 시작하지도 않았을 것입니다.

지금 당장 자신에게 '감사합니다'라고 1,000번만 말해보세요. 감사 말하기를 반복하면 도전할 용기가 생겨납니다. 아픈 부위에 감사하기를 매일 실천하고, 몸이 원하는 것을 잘 섭취해 주세요.

감사연습 도중에 분노나 슬픔이 올라오면 물리적 안전공간에서 실컷 화내고 울어도 좋습니다. 가슴이 후련해질 때까지 감정을 풀어내고 나면 다시 웃을 수 있는 여유가 생길 것입니다. 매일 감사와 웃음이 늘어나면 통증은 어느새 사라질 것입니다. 통증이 사라지면 안전공간 힐링명상에도 도전하시기 바랍니다.

04 서브마인드 리프로그래밍(SRP)

안전공간 힐링명상은 몸을 힐링하기 위한 도구입니다. 몸을 완전하게 힐링하고 나면, 다시 창조하고 싶은 욕구와 열정이 생길 것입니다. 새로운 목표를 성취하고 싶다면 하부의식을 프로그래밍해야 합니다. 성공과 실패는 하부의식에 세팅된 설정값에 좌우되기 때문입니다. 서브마인드에 저장된 부정적인 기억 때문에 실패한 적이 있다면, 서브마인드를 정화하고 새로운 프로그램을 설치해야 합니다. 서브마인드를 긍정적으로 바꾸면, 돈과 행운이 저절로 따라오게 됩니다.

하부의식은 의식적인 노력을 하지 않아도, 자동으로 프로그램을 실행합니다. 따라서 성공하는 행동 패턴을 서브마인드에 프로그래밍하는 것이 성공의 비결인 것입니다. 일단 서브마인드에 프로그램이 설치되면 그것이 좋은 것인지, 나쁜 것인지를 가리지 않고 무조건 실행됩니다. 서브마인드에 장착된 성공 습관은 끌어당김과 동시성의 창조원리를 반복적으로 작동시켜, 나도 모르게 목표에 이르게 합니다.

서브마인드를 프로그래밍하는 작업은 행동으로 하는 것입니다. 입으로만 '월 천만 원을 벌고 있다'고 우겨도 돈은 들어오지 않습니다. 원하는 목표에 정합된 행동을 해야 합니다. 하부의식은 감각정보와 감정에 민감합니다. 실제로 돈을 벌고 있는 현실을 체험하고, 그때 느껴지는 감정을 느껴야만 하부의식에 세팅할 수 있습니다. 그래서 미래기억을 생생하게 상상하고 체험해야 하는 것입니다. 미래기억이 서브마인드에 들어가 설치되면 무의식적으로 성공프로그램이 실행됩니다.

서브마인드 리프로그램 작업하기

1. 내적 자원 만들기

각각의 목표에 적합한 이미지, 단어, 숫자, 냄새, 색깔, 빛, 촉감, 소리 등의 감각들을 미리 적어봅니다. 목표와 결합시킬 긍정적인 감정도 미리 생각해 봅니다.

2. 안전공간에 들어가기

작업 전에 호흡이완연습으로 안전공간에 들어갑니다. 의식은 명료하게 깨어있지만 몸은 편안하게 이완합니다. 생각을 끄고 뇌파를 낮추어 알파모드로 전환합니다. 상상선언을 하기 전에 안전공간에 들어가면 하부의식에 프로그래밍하기가 쉽습니다.

3. 상상선언 하기

목표를 선언하면서 감각정보와 감정을 결합시킵니다. 예를 들어, "나는 ~억의 자산을 가진 부자다."라고 선언한다면, 선언과 동시에 부자와 결합시킬 돈, 단어, 소리, 건물, 사업체, 부자처럼 살아가는 모습 등을 생생하게 상상하면서 목표와 결합시켜야 합니다. 목표를 선언하면서 동시에 감정도 일으켜야 합니다.

4. 창조의 중심 지키기

목표가 이루어진다는 확고한 신념과 자신에 대한 완전한 신뢰를 가져야 합니다. 목표는 포기할 수 없는 위대한 선택이므로, 어떠한 경우에도 물러서지 말고 창조의 중심을 지켜야 합니다.

5. 칭찬받기

최소 3~5명의 지인에게 자신의 목표를 자랑하고, 그 사람들에게 칭찬이나 인정을 받아야 합니다. 다른 사람들이 나를 그렇게 인정해 주면, 하부의식에 쉽게 각인되어 현실로 구현되기 시작합니다. 나를 인정하거나 칭찬하지 않는 사람에게 나의 목표를 누설하지 않도록 주의해야 합니다. 부정적인 저항을 받으면 오히려 역효과가 날 수 있습니다. 주위에 마땅한 지인이 없다면, 나에게 칭찬해 주는 사람을 상상하면서 감사말하기 연습(감사연습 21일 프로젝트 참고)을 혼자 해도 됩니다.

6. 감사프로젝트

목표를 감사선언하고 감사노트를 작성합니다. 6개월 이상 감사프로젝트를 실천하면 서브마인드에 감사의 뇌신경망을 구축할 수 있습니다.

나의 미션과 비전은 어떻게 설정해야 하나요?

미션은 살면서 실현하고 싶은 나의 미래가치를 의미합니다. 내가 존재하는 이유, 내가 살아가는 목적을 한 문장으로 작성합니다. 미션은 가장 추상성이 높습니다.

'나는 왜 존재하는가? 나는 왜 살고 있는가?'라는 질문으로 미션을 찾아보세요.

비전은 미션을 실현할 이상적인 미래기억을 의미합니다. 미션을 실현하기 위해 열정을 불러일으키는 구체적인 전략이나 꿈을 한 문장으로 작성합니다. 비전은 미션보다 추상성이 낮습니다.

'나는 무엇을 원하는가? 나의 원초적인 욕구는 무엇인가?'라는 질문으로 비전을 찾아보세요.

목표는 현실적으로 달성 가능한 수치화된 미래의 결과를 의미합니다. 목표는 비전을 향해 나아가도록 방향을 잡아줍니다. 목표를 이루기 위해서는 구체적인 전략과 세부적인 계획이 필요합니다. 목표와 계획은 추상성이 가장 낮고 구체성이 높습니다.

미션과 비전, 목표와 계획은 모두 영혼의 욕구(desire)를 창조하기 위한 도구입니다. 따라서 이것들은 가슴의 느낌을 따라 작성해야 합니다. 가슴을 따르지 않으면 결국 대가를 치르고 실패로 끝나게 됩니다. 많은 시간을 헛되게 보낸 후에 결국 가슴으로 돌아옵니다. 가슴의 꿈은 다소 비현실적이고 불가능해 보여도 그것을 따르는 것이 낫습니다. 남들이 뭐라고 하든 상관하지 말고 자신의 꿈을 향해 나아가야 합니다.

감사연습을 하기 전에 미션선언문, 비전선언문, 목표와 계획을 작성합니다. 그리고 매일 감사연습을 실천하여 서브마인드에 프로그래밍 해야 합니다.

미래비전을 실현할 세부적인 목표는 어떻게 설정하나요?

미션과 비전이 하나이듯이, 비전을 실현할 구체적인 목표도 하나만 설정합니다. 목표를 달성하기 위한 세부적인 계획도 하나만 세웁니다. 만약 비전과 정합된 목표가 여러 가지일 경우에는, 그중에 우선순위를 정해서 하나를 선택해야 합니다. 하나의 목표와 행동계획을 선정해 그것에만 집중하는 것이 더 효율적입니다.

목표의 종류와 영역은 다양합니다. 예를 들어, 운동, 스트레칭, 산책, 요가, 피부 관리, 건강식품 챙겨 먹기 등 건강목표를 설정할 수도 있고, 업무효율성과 성과 달성, 월 소득, 자산 소득, 파이프라인 구축 등 사업목표를 설정할 수도 있습니다. 또는 블로그 쓰기, 유튜브 영상 올리기 같은 SNS 목표를 설정하거나, 취미, 재테크, 자기계발, 인맥 만들기 같은 개인적인 목표나, 가족과 부모님 챙기기, 봉사활동 참가하기 같은 가족과 사회에 대한 목표도 설정할 수 있습니다.

목표는 자신의 미션과 비전에 맞게 설정해야 합니다. 비전을 실현하기 위한 구체적인 수치를 목표로 정하는 것이 하부의식에 프로그래밍하기 좋습니다. 목표는 구체적으로 성격 바꾸기, 생활환경 바꾸기, 이사하기, 결혼과 출산하기, 주택 구입하기, 자동차 구입하기, 친구/애인 만들기, 직장 구하기, 창업하기, 공부하기, 진학하기, 운동하기, 식습관 바꾸기, 취미 만들기, 여행하기, 다이어트하기, 소득 올리기, 자산 구축하기 등 다양한 영역이 있습니다. 이 중에 우선순위가 가장 높은 목표 하나만을 선정하여 감사목록으로 작성합니다. 우선순위가 낮은 목표는 나중에 도전합니다.

단기적인 목표는 선택과 허용만으로도 쉽게 달성할 수 있지만, 장기적인 목표는 달성하기가 힘듭니다. 장기적인 목표는 서브마인드에 습관이 형성될 때까지 노력해야만 달성할 수 있습니다. 새로운 습관을 만들려면 200일 감사프로젝트를 시작해야 합니다. 감사프로젝트는 아침연습(MT), 루틴연습(RT), 시스템연습(ST)으로 구분하여 진행합니다.

아침연습은 감사연습과 동일하게 하면 됩니다. 루틴연습은 행동계획을 매일 반복하여 습관으로 만드는 연습입니다. 아침연습과 루틴연습만 해도 목표를 충분히 달성할 수 있습니다. 시스템연습은 시스템을 구축하고 자동화하는 과정이므로 주로 사업적인 목표에 적용합니다.

최적화된 루틴을 짜고 루틴을 반복하면, 성과물이 쌓여 시스템이 구축되기 시작합니다. 시스템은 감사연습의 열매이며, 소득으로 이어지는 핵심자산입니다. 감사프로젝트가 돈이 되는 이유는 습관을 만드는 과정에서 시스템이 만들어지기 때문입니다. 돈을 만드는 지혜로운 전략은 '창조연습'을 참고하시기 바랍니다.

하부의식에 프로그래밍할 선언문은 어떻게 만드나요?

자신의 하부의식이 받아들이기 쉬운 문장으로 선언문을 작성해야 합니다. 선언문을 작성하기 어려운 분은 다음의 문장들을 참고하여 자신의 미션과 비전에 맞게 수정하시기 바랍니다.

1. 나의 정체성과 미래가치를 정의하는 문장

나는 ~하는 창조자다.
나는 ~을 가지고 있는 부자다.
나는 ~해서 행복한 사람이다.
나는 ~하는 지혜로운 사람이다.
나는 ~이다.
나는 ~여서 좋다.

2. 내가 하고 싶은 욕구나 열정을 표현한 문장

나는 항상 ~해서 자유롭고 행복하다.
나는 ~에게 내 생각을 잘 표현한다.

나는 행복한 ~을 즐긴다.
나는 항상 ~ 때문에 재미있고 즐겁다.
나는 ~과 어울리는 것이 즐겁다.

3. 내가 소유하고 싶은 욕망을 표현한 문장

나는 ~을 가지고 있어 행복하다.
나는 ~한 ~을 가지고 있어 풍요롭다.
나는 좋은 ~가 많아서 행복하다.
나는 ~을 구입해 기분이 좋다.
나는 ~을 잘 운영하고 있어 자랑스럽다.

4. 내가 해야 하는 의무를 표현한 문장

나는 ~을 위해 일하고 있어 행복하다.
나는 매일 아침 ~로 하루를 시작한다.
나는 ~을 잘 조절하고 있다.
나는 ~을 성공해 기쁘다.
나는 ~(하기)를 실천해 기분이 좋다.
나는 ~하는 것이 너무 재미있고 흥미롭다.

5. 나의 신념이나 지혜로운 메시지를 표현한 문장

나는 ~에 행운이 따른다.
나는 ~한 자유를 누리고 있다.
나는 ~와 사랑과 감사를 나누며 살아간다.

내가 ~하는 것은 다 이루어진다.
나에게 ~이 쉽게 들어오고 있다.
~은 너무나 쉽게 이루어진다.
나의 에너지가 ~을 위해 일하고 있다.
나는 항상 언제 어디서나 ~에 감사한다.
나의 ~은 무한하다.

서브마인드를 바꾸려면 얼마나 걸릴까요?

서브마인드는 생명을 위해 항상성을 유지해야 하므로, 의식적으로 조절할 수 없습니다. 서브마인드는 설정값에 따라 몸을 자동으로 조절하고 있습니다. 서브마인드에 새로운 프로그램을 설치하거나, 설정값을 바꾸려면, 서브마인드가 안전하게 받아들일 시간이 필요합니다.

자기변형원리에 의해 최소 6개월 이상 반복 실행해야 하부뇌에 새로운 신경망을 깔 수 있습니다. 최면적인 암시로 서브마인드를 조절할 수 있지만 최면이 풀리면 예전 상태로 돌아가 버립니다. 새로운 신경망을 설치하려면 물리적으로 변형되는 시간이 필요합니다. 따라서 최소 6개월 이상 '오직 반복연습'만이 답입니다.

Part 5

해나인
힐링프로그램

01 해나인의 의미

해처럼 밝은 나 해나인이란 무슨 뜻인가요?

해처럼 밝은 나를 줄여서 '해나'라고 부릅니다. 해나는 어린 아이처럼 순수한 본성을 의미합니다. 해처럼 밝은 나로 살아가는 사람들을 해나인이라 부릅니다.

순수한 본성이란 무엇인가요?

본성은 가슴 안에 있는 내면의 꿈, 순수한 사랑과 기쁨, 자유롭게 확장하고 싶은 욕구, 창조하고 체험하고 싶은 열정을 말합니다. 본성은 나의 영혼적 자아를 의미합니다. 본성의 메시지는 머리의 생각이 아니라 가슴의 느낌으로 주어집니다. 가슴의 소리, 영혼의 진동이 진정한 자아이며, 내 현실의 창조자입니다.

해나인은 어떻게 행복을 창조하나요?

행복창조의 비밀은 간단합니다. 지금 당신의 삶이 어떠하든 행복으로 가는 핵심열쇠는 바로 자신에 대한 완전한 사랑과 신뢰에 있습니다. 자기사랑과 자기신뢰를 바탕으로 언제 어디서나 모든 것에 감사하고, 있는 그대로 허용하면 기쁨의 삶이 다가옵니다.

기쁨의 삶을 실현하는 가장 쉬운 방법은 날마다 감사연습을 실천하는 것입니다. 매일 일정한 시간동안 감사연습을 실천하면 몸과 마음이 바뀌고 대인관계와 주변 환경도 변화되어 가는 것을 느낄 것입니다.

해나인이 되려면 어떤 자질이 필요하나요?

해나인은 자신에 관한 모든 것에 스스로 책임을 지며 다른 사람들을 존중하고 사랑합니다. 자신의 책임을 남에게 돌리지 않고 자신의 창조에 책임을 다합니다. 책임을 수용할 때 진정한 창조자가 될 수 있습니다. 책임을 수용하려면 자신에게 정직해야 합니다. 남을 속일 수 있어도 자신을 속일 수는 없습니다. 자신의 느낌을 있는 그대로 수용하고 느낌을 잘 분별하여 정화하거나 선택합니다.

해나인은 자신의 근원에 집중하고 내면의 안내를 신뢰해야 합니다. 내면의 메시지를 완전히 신뢰하려면 오래된 의식과 에너지를 정화하고 새로운 의식과 에너지로 전환해 가야 합니다. 영혼의 메시지를 마음이 수용하려면 감사로 마음을 정화해야 합니다.

해나인은 서로 상생하고 협력하여 건강과 풍요를 함께 창조해 갑니다. 건강정보를 함께 나누고, 자산구축과 풍요의 노하우를 서로 공유합니다. 해나인은 영혼적 수준에서 모두 동등한 지위를 가지며, 해나인의 요청을 적극 수용하여 사랑으로 봉사합니다.

해처럼 밝은 나 '해나'로 살아가면 어떤 이득이 있을까요?

에고마인드를 정화하고 해나가 밝아지면, 첫째, 지금까지 문제라 여졌던 고민들이 순식간에 사라지고, 아무런 문제가 없는 평화로운 삶으로 전환됩니다. 둘째, 내면의 안전공간에서 진정한 휴식을 갖게 되고, 몸과 마음의 불균형이 치유되기 시작합니다. 셋째, 의식이 확장될수록 진정한 자유를 느끼고, 존재하는 모든 것을 있는 그대로 수용할 수 있게 됩니다. 지금 이 순간의 완전성을 느끼며 신성한 기쁨을 누리게 됩니다. 넷째, 결핍 없는 충만함으로 원하는 풍요를 성취하기 시작합니다.

02 해나인 아침연습(Morning Training, MT)

호흡이완연습과 감사연습

편안한 자세로 앉거나 누워서 의식적으로 코로 숨을 깊게 들이마시고 숨을 잠시 멈춘 후에 입으로 천천히 내쉽니다. 3회 정도 반복합니다.

다음은 머리부터 발끝까지 몸의 각 부위를 느껴보면서 호흡을 들이마시고 내쉬면서 이완합니다. 복식호흡을 하면서 생각을 잠시 멈추고 안전공간에서 휴식합니다.

충분히 이완된 상태에서 감사말하기와 감사선언을 연습합니다. 감사명상을 하고 난 후에, 감사노트를 쓰고 감사기도를 합니다. 감사연습 도중에 복부로 웃는 웃음연습을 하면 기분 좋은 하루를 시작할 수 있습니다. 여건이 되는 분은 주 2~3회 햇빛을 받으면서 맨발로 맨땅 밟기를 하면 건강에 도움이 됩니다.

기초 먹거리와 에너지영양요법

아침에 일어나면 가는 소금으로 양치질을 하고 따뜻한 소금차를 음용합니다. 과일, 야채, 고기를 섭취할 때에도 소금 기름장이나 깨소금을 찍어서 먹습니다. 오분도미나 발아현미로 밥을 해 먹습니다. 특히 장이 안 좋은 분은 통곡, 잡곡, 현미밥을 주의해야 합니다. 피를 정화해야 할 필요가 있는 경우에는 액상미네랄을 섭취합니다. 탄수화물에 대한 집착이 강한 분은 생명의 오일(SCFA&MCFA)을 활용하고, 소화력이 떨어진 분은 위산보조제와 췌장효소를 보충합니다.

비타민과 항산화제가 풍부한 야채와 함께 된장국, 미역국, 콩나물국, 청국장국, 사골국 등으로 영양을 보충하고, 정기를 보충하고 어혈을 풀어주는 에너지강화식품을 섭취합니다. 몸과 마음이 불편하신 분은 에너지영양요법 전문가의 도움을 받으시길 바랍니다.

03 해나인 루틴연습(Routine Training, RT)

일상생활에서 에너지를 강화하는 프로그램을 실천합니다.

첫째, 부드럽고 유연하게 스트레칭을 하거나 몸의 특정한 부위를 강화하는 운동프로그램을 진행합니다. 40대 이상인 분은 되도록 15분 이내에서 실시하고, 항산화식품을 충분히 섭취해 줍니다.

둘째, 뇌신경망을 재구축하여 내면을 강화합니다. 상상선언과 비전포커스를 연습하는 감사프로젝트를 진행합니다. 인체강화작업은 마음강화작업과 동시에 진행되어야 합니다. 몸과 마음은 동전의 양면과 같아서 본질적으로 하나입니다.

셋째, 생체에너지를 강화하여 내면의 에너지를 강화합니다. 생체에너지장이 약하면 CTS충격에 쉽게 무너지고, 외부의 영향에 휘둘리고 면역력도 약해져서 다양한 질병에 노출되기 쉽습니다. 에너지장이 강화되면 기운이 넘쳐 피로하지 않고, 긍정적인 생각의 힘도 강해져, 자신의 의지대로 삶을 주도해 갈 수 있게 됩니다.

젊은 사람은 몸과 마음만 강화해도 되지만 나이가 들수록 내면의 에너지를 강화하는 것이 중요합니다. 몸과 마음은 노화될 수밖에 없지만 에너지는 더 강하게 유지할 수 있습니다. 죽으면 몸과 마음은 정지되고 자연으로 돌아가지만, 내면의 에너지는 모두 가져갑니다. 생체에너지장은 지혜로운 기억입자에 의해 다양한 색깔의 비물리적인 빛을 축적합니다. 생체에너지장에서 방사되는 빛깔이 바로 영혼의 진화 정도를 나타냅니다.

내면의 에너지로 생체에너지장을 강화하는 방법은?

첫째는 사랑과 자비를 베풀고 덕을 쌓아야 합니다. 덕을 쌓는다는 말은 고차원의 입자를 에너지장에 축적한다는 의미입니다. 덕은 사랑, 자비, 감사, 평안, 기쁨으로 쌓입니다.

*사랑과 자비(연민)는 자신을 온전히 사랑하고 신뢰하며,
모든 사람들을 존중하고 허용하는 것입니다.
감사는 자신을 정화하고 기쁨과 풍요를 허용하는 것입니다.
평안은 이원성에 흔들리지 않고 진리의 중심에 서서
평화로운 삶을 유지하는 것입니다.
기쁨은 영혼이 주는 순수한 열정과 충만함을 누리는 것입니다.*

둘째는 나의 근원과의 연결을 통해 에너지를 공급받아야 합니다. 나의 근원은 영적 부모와 같습니다. 결국 모든 영혼은 자신의 근원으로 돌아갑니다. 에너지의 문제를 근본적으로 해결하고 생명력을 강화하려면, 근원이 주는 생명의 빛으로 몸과 마음을 채워야 합니다.

04 해나인센터

해나인센터에서는 어떤 활동을 하고 있나요?

첫째, 해처럼 밝은 나로 깨어난 사람들의 여정에 해나인센터가 도우미 역할을 하고 있습니다. 해나인센터는 자신이 누구인지 깨닫고, 자신의 꿈을 실현해 가는 사람들에게 다양한 정보를 제공하고 있습니다.

둘째, 해나인의 의식계발과 고민해결을 위해 상담과 교육프로그램을 진행하고 있습니다. 해나인센터에서는 에너지심리역학을 기반으로, 현재의 에너지와 심리상태를 분석하여 미래의 가능성을 제시하고, CTS(갈등, 트라우마, 스트레스)를 해소하는 에너지리딩 상담서비스를

제공하고 있습니다.

또한 에너지영양요법(ENT), 에너지심리요법(EPT), 감사연습과 창조연습, 에너지리딩과 라이프디자인 등을 안내하는 상담사를 양성하고 있습니다.

셋째, 해나인을 대상으로 감사연습을 집중적으로 체화하는 마스터 과정을 진행하고 있습니다. 1단계 초급 마스터 과정에서는 기초연습(감사자세, 호흡이완연습, 웃음연습)과 21일/200일 감사프로젝트를 함께 연습합니다.

2단계 중급 마스터 과정에서는 뇌신경망을 재구축하고, 감사마스터의 도구인 감사말하기, 감사보기, 감사느끼기, 감사선언하기, 감사닻 내리기 등을 연습합니다.

3단계 고급 마스터 과정에서는 카르마처리, 영장처리, CTS처리 등 에너지정보를 처리하는 방법을 배웁니다. 감사연습의 마스터가 되면 상담사 양성 과정을 이수하고 상담사나 코치로 활동할 수 있습니다.

해나인센터의 프로그램은 어떤 것이 있나요?

해나인을 위한 의식계발프로그램은 감사연습과 창조연습이 있습니다. 감사연습은 자기현실을 창조하는 데 방해가 되는 에고마인드를 이해하고, 부정적인 감정과 생각을 정화하여 새로운 잠재성으로 자신을 변형시켜 가는 연습입니다. 창조연습은 선택과 허용의 기술을 체화하고 실제 생활에 적용하는 실전연습입니다.

해나인을 위한 정화프로그램은 항산화, 디톡스, 영양보조, 다이어트, 식이요법 등 통합영양요법을 기반으로 한 인체정화프로그램과 호흡/이완연습, 웃음/감사연습, 에너지심리테라피 등을 기반으로 한 마음정화프로그램을 진행하고 있습니다.

05 에너지리딩

생체에너지장을 리딩한 후, 에너지의 불균형을 찾아내어, 1:1 맞춤으로 에너지조정, 마음관리, 생활패턴 개선 등의 다양한 자기관리 정보를 안내하는 상담입니다. 에너지리딩은 감정, 사념/신념, 카르마, CTS, 영장, 간차원의 영역에서 에너지적 불균형과 그 원인을 찾아내는 작업입니다. 에너지의 불균형을 처리하는 방법은 다음과 같습니다.

첫째, 에너지의 극성을 조정하여 에너지의 균형을 맞추는 방법입니다. 열, 빛, 소리, 색상, 향기 등을 활용하는 물리적 치유도구를 이용하거나, 지압, AK, 척추/근막교정, 치유적 접촉, 기공 등의 전인적인 대체요법을 활용합니다. 또는 파동치료기, 미약자기, 자석 등을 이용하여 에너지를 조절할 수 있습니다. 이 방법들은 물리적인 수준에서 에너지를 처리하는 기법이며, 해당 분야의 전문가가 실시해야 합니다.

둘째, 정체된 감정에너지를 풀어내는 정화작업입니다. 분노, 슬픔,

두려움 등의 감정을 그대로 표출하여 풀어내고, 웃음과 감사로 채우는 작업입니다. 이 방법은 감정적인 수준에서 에너지를 처리하는 방법으로 혼자서도 할 수 있습니다.

셋째, 비물리적 영역의 카르마, CTS, 영장, 간차원의 에너지를 정화하는 방법입니다. 카르마처리는 코드/심볼/소리와 고차원의 빛으로 정화하는 작업이고, CTS처리는 과거기억정보를 찾아내 종료시키는 작업입니다. 영장처리는 연결된 영가를 처리하는 작업으로, 영혼의 수준에 따라 상위자아와 영적 도우미의 지원을 받아 다양한 방법으로 처리할 수 있습니다. 간차원의 에너지나, 다차원적 존재들에 의해 DNA가 교란되거나, 에너지변화증후군을 겪는다면 연결된 상위차원의 의도를 리딩해 허용 여부를 결정해야 합니다.

에너지리딩 상담은 감정적 수준이나 비물리적 수준에서 에너지와 정보를 처리하는 작업을 진행합니다.

CTS를 처리하는 과정은 어떻게 진행되나요?

살면서 부딪히는 강렬한 삶의 체험들이 바로 아픔의 원인입니다. 예기치 않은 문제에 맞닥뜨리면, 본능적으로 특수한 프로그램이 작동됩니다. 미처 자각할 새도 없이 빠르게 마음에서 몸으로 충격이 가해집니다. 대부분의 충격은 몸에서 잘 처리하지만, 여러 차례 반복되거나, 처리되지 않는 상태가 지속되면 몸은 심각한 불균형에 빠지게 됩니다. 하지만, 과거의 충격적인 기억을 찾아내 정화하면 원래대로 치유되어

균형을 회복할 수 있습니다.

문제를 일으킨 인생 스토리를 찾아내고, 그 안에 담긴 메시지를 깨달으면, 고통에서 벗어나 더 큰 나로 의식을 확장할 수 있습니다.

갈등, 트라우마, 스트레스로 균형이 깨져있다면, 다양한 삶의 문제들로 우울하고 불안한 나날을 보내고 있다면, 심각한 질병으로 행복과 웃음이 없는 삶을 살고 있다면, 과거의 아픈 기억에서 벗어나 자신감과 활력을 되찾고 싶다면, CTS를 정화하고 해처럼 밝은 나를 다시 회복해야 합니다.

CTS를 처리하는 동안 에너지의 불균형이 몸과 마음을 힘들게 합니다. 만약 CTS가 정상적으로 해결되지 않거나 반복해서 발생한다면, 고통은 멈추지 않고 계속될 것입니다. 모든 CTS는 에너지장의 기억으로 저장되어 있으므로, CTS의 기억을 찾아내 정화하면 몸과 마음의 균형을 회복할 수 있습니다.

CTS를 처리하는 과정은 다음과 같이 진행됩니다.

1단계: 기억에 저장된 CTS와 그로 인한 문제들을 에너지장을 리딩하여 찾아냅니다.

2단계: CTS기억정보를 감사로 정화하고 CTS를 실질적으로 해결하는 방안을 제시합니다.

3단계: 개인별 맞춤 에너지영양요법으로 에너지장을 강화하고, 생활환경을 새롭게 디자인합니다.

물질적, 심리적, 영적, 환경적인 수준에서 에너지의 불균형을 처리하고, 해처럼 밝은 나를 다시 회복하면, 건강하고 행복한 삶으로 나아갈 수 있습니다.

나는 왜 이렇게 힘들까!
이유를 몰라 답답하신가요?
당신의 에너지가 모든 것을 알려줍니다.

감사연습을 처음 시작하는데요. 어떻게 해야 효과를 볼 수 있을까요?

처음 감사연습을 시작하는 분은 일단 감사말하기 연습에 집중합니다. 점차 감사연습에 익숙해지면 감사는 말로만 중얼거리는 것이 아니라 느끼기라는 것을 알게 됩니다. 감사연습의 고수가 되면, 감사는 완전한 수용과 자기신뢰라는 것을 깨닫게 됩니다. 자신의 삶을 완전히 수용하고 느끼고 있다면 감사를 연습할 필요도 없게 됩니다.

감사연습의 효과를 아직 체험하지 못한 분들에게 팁을 드리자면 첫째, 뇌와 심장을 안정시켜 감사상태에 들어가야 합니다. 실제로 뇌파와 심박수가 안정되는 생리적인 변화가 일어나야 합니다. 감사상태를 만들려면 기초연습을 꾸준히 해야 합니다. 호흡이완연습도 잘해야 하고 몸도 건강하게 관리해야만 감사상태를 유지할 수 있습니다.

둘째, 감사하기와 생각하기는 완전히 다른 상태라는 것을 이해해야 합니다. 감사한다는 말은 어떤 것을 느끼고 있다는 뜻입니다. 그래서 감사하는 순간은 생각의 영역에서 완전히 벗어나 느낌에 집중하는 순간입니다. 생각하기는 에고마인드가 하는 것입니다. 감사는 에고마인드가 정지되고 가슴이 느끼는 것을 의미합니다. 감사와 생각을 구분하지 못하면 감사연습이 혼란스러울 수 있습니다.

셋째, 감사로 정화하면 마음이 편안해집니다. 이것이 감사의 실질적인 효과입니다. 감사연습으로 문제가 바로 해결되거나, 자신의 현실이 순식간에 바뀔 것이라고 기대하는 분도 있습니다. 그런 기대감조차도 정화해야 합니다. 감사정화로 마음이 평안해지면 감사정화의 목표에 도달한 것입니다. 마음이 편안해지면 몸도 건강해지고, 자연스럽게 풍요도 주어지지만, 그것이 감사연습의 최종 목표는 아닙니다. 그리되면 좋은 것이고, 그렇지 않더라도 괜찮습니다.

건강과 풍요를 창조하고 싶다면, 감사연습의 다음 과정인 선택과 허용의 기술을 습득해야 합니다. 의식과 에너지의 작동원리를 이해하고 자신의 내부현실과 외부현실을 변화시키는 창조 과정을 경험해 가야 합니다. 창조의 원리와 기법을 체화하는 실전연습은 '창조연습'을 참고하시기 바랍니다.

넷째, 감사연습을 한다고 부정적인 감정이 완전히 사라지는 것이 아닙니다. 감사는 자신의 감정을 있는 그대로 받아들이고 느끼는 것입니다. 따라서 분노나 두려움 같은 부정적인 감정도 온전히 느껴보아야 합니다. 감정을 통제하거나 억제하는 것이 아니라 흘러가도록 느끼고 바라보는 것입니다.

기초연습부터 감사연습까지 꾸준히 반복해야만 감사의 공효를 맛볼 수 있게 됩니다. '감사합니다'를 생각하고 말한다고 해서 외부현실이 곧바로 바뀌지 않습니다. 외부의 대상과 외부현실에 대한 감사는 별 효과를 보지 못합니다. 모든 문제의 원인은 자신의 내면에 있기 때문입니다. 자신의 내부현실부터 감사로 정화하고 재창조가 이루어졌을 때, 외부현실도 변화되기 시작합니다.

자신을 신뢰하기가 너무 어려운 것 같습니다. 어떻게 신뢰를 키워가야 하나요?

자신을 의심하고 불신했던 마음을 정화하려면 많은 시간이 필요합니다. 자신에 대한 신뢰를 회복하는 가장 좋은 방법은 에고의 힘을 빼는 것입니다. 감사하는 순간이 많아질수록 에고의 저항과 긴장이 줄어듭니다. 긴장을 이완하고 느끼기만 잘 해도 됩니다. 완전히 이완된 상태에서 두려움의 감정이든, 불안한 상황이든, 있는 그대로 느끼는 것입니다. 몸과 마음이 이완된 만큼 자신에 대한 신뢰도가 커집니다.

에고의 의지와 힘으로만 살아오다가, 갑자기 힘을 빼버리면 에너지변화증후군을 경험할 수 있습니다. 변화의 과정을 잘 통과해 가시기 바랍니다. 에고가 영혼에 동조되면 '위대한 자아'가 깨어납니다. 에고는 끊임없이 의심하고 불안해하더라도, 가슴은 항상 평온할 것입니다. 자신을 신뢰한다는 것은 가슴의 느낌을 믿는 것이지, 에고의 생각을 믿는 것이 아닙니다. 영혼이 일하는 방식은 에고의 방식과 다르기 때문에 적응하는 과정이 필요합니다. 영혼이 이끄는 대로 흐름을 타고 가면 됩니다.

해나인 이니시에이션이란 무엇인가요?

감사연습의 목적은 해처럼 밝은 나로 살아가는 사람이 되는 것입니다. 해처럼 밝은 나, 해나는 감사상태에 머물고 있을 때 체험할 수 있습니다. 감사의 순간은 나와 나자신을 느끼는 순간입니다. 에고의 생각을 잠시 멈추고, 가슴을 느끼고 가슴을 따릅니다. 이때가 가장 기분 좋은 감사상태가 되는 것입니다.

 감사는 생각이 아닙니다. 감사는 영혼의 진동이고 느낌입니다. 감사상태는 자신에게 가장 진실한 순간입니다. 에고의 거짓과 위선이 사라지면 영혼의 본성이 드러납니다.

 감사의 순간은 자신을 신뢰하고 자신과 사랑을 나누는 순간입니다. 그래서 감사의 순간이 가장 행복한 것입니다. 자신을 완전히 사랑하고 신뢰하는 지점에 도달하면 이니시에이션을 실시합니다. 이니시에이션은 해처럼 밝은 나로 살아가는 사람이 되기 위해 에고마인드를 업그레이드하는 작업입니다.

해처럼 밝은 나로 깨어나는 순간(Initiation)

평생 자신이 누구인지, 왜 태어났는지, 무엇을 하고 싶은지도 모르고 살다가, 감사 연습을 만나 오랜 잠에서 깨어나게 됩니다. 에고마인드를 이해하고 자신의 본성을 알아차린 순간, 자신이 에고가 아님을 깨닫고 본래 자신으로 깨어나게 됩니다.

이 순간은 감격과 환희의 순간입니다. 드디어 내가 누구인지 알게 된 기쁨은 말로 표현할 수 없습니다. 인간이면서 신성과 함께 살아가는 사람으로 도약하는 순간입니다. 다음은 깨어난 존재임을 확인하는 질문입니다. 스스로 질문하고 해나인으로 깨어나시기 바랍니다.

1. 당신은 영혼적 존재임을 인정하십니까?

2. 당신은 에고를 정화하고 가슴의 느낌을 신뢰하나요?

3. 당신은 영혼적 존재로서 자신을 완전히 사랑하나요?

4. 당신은 에고의 집착과 욕망을 완전히 내려놓으셨나요?

5. 당신은 생명의 빛으로 몸과 마음이 치유되도록 허용하나요?

당신은 인간적 존재를 넘어선 영원불멸의 영적 존재입니다.

당신은 인간적 에고의 관념과 집착을 내려놓고, 영혼의 본성인 사랑과 자유와 열정으로 살아가는 것을 선택하셨습니다.

인간적 에고를 정화하고 새로운 마음으로 기쁨을 누리는 삶으로 나아가기를 바랍니다.

이제부터는 새로운 운명, 새로운 축복, 새로운 에너지가 주어질 것입니다.

당신이 깨어나는 데 유일한 방해물은 에고이며, 에고의 먹구름만 지우면 해처럼 밝은 나, 해나로 밝아질 것입니다.

당신이 신성과 함께 살아가면, 인간적 제한과 두려움에서 벗어나 자유롭게 창조하는 새로운 여정이 시작될 것입니다.

해나인이 되신 것을 축하드립니다.

✖ 에필로그 ✖

《감사연습2 기억의 치유》를 읽고 감사연습을 실천하신 독자 여러분께 감사드립니다. 감사연습 심화 과정에서 다룬 주제들을 잘 소화하시고 정화하신 분들에게도 감사드립니다. 해나인에서 진행하는 에너지 리딩과 상담사 양성과정에 참가하신 분들에게도 감사드립니다.

이 책은 해처럼 밝은 나로 살아가는 사람들(해나인)이 건강하고 풍요롭게 살아가도록 안내하기 위하여 출간하였습니다. 몸과 마음을 정화하고 해나인으로 깨어나는 분들에게 도움을 드리려고 쓰다 보니, 처음 감사연습을 접하신 분에게는 생소한 내용이 담겨있을 수 있습니다. 또 이 책의 내용이 의식과 에너지, 영성과 과학을 넘나드는 주제를 통합적으로 다루다 보니, 다소 이해하기 힘든 부분도 있었을 것입니다.

이 책에 상담 사례를 공개해 주신 분들에게도 감사드립니다. 이 책이 나오기까지 영적 성장에 도움을 준 수많은 도서들과 자료들을 세상에 내놓은 스승들과 마스터들에게도 감사드립니다. 특히, 감사연습에 영감을 불어넣어 준 책들과 그 책들을 집필하신 모든 작가님에게도 감사드립니다. 수많은 참고문헌과 저자들을 여기에 일일이 열거하지 못한 점 양해 바랍니다. 아울러 항상 나와 함께하면서, 나를 인도해 준 나자신의 근원에게 감사드립니다. 매일 감사에너지를 채워주고 지혜로운 메시지로 깨달음을 주었기에 이 책을 출간할 수 있었습니다.

 순수한 영혼의 본성으로 깨어난 해나인을 위해 제대로 된 안내서를 내놓지 못해 아쉬웠는데, 이제야 숙제를 마치게 되어 너무나 기쁩니다. 내가 어떻게 살아왔든지 관계없이 지금 당장 행복을 선택할 수 있다는 것이 가장 희망적인 메시지일 것입니다. 삶에 고난과 시련이 있더라도, 다소 부족함 있더라도 항상 기쁨을 선택하시길 바랍니다. 기쁨으로 살아가면 어떤 문제라도 다 해결될 것입니다. 기뻐할 때 영혼이 가장 빛나는 순간입니다. 생명의 빛으로 기쁨이 충만한 해나인이 되시길 바라며 글을 마칩니다.

✕ 용어정의 ✕

감사프로그램(Program)

감사연습을 실천하는 구체적인 절차와 방법을 의미합니다. 기초연습으로는 호흡이완연습, 접지연습, 웃음연습, 자세연습이 있으며, 감사연습은 몸과 감정을 정화하는 연습, 에고마인드와 서브마인드, 마인드게임, 에너지게임, 카르마, 영적 장애(영장), CTS(갈등, 트라우마, 스트레스) 등을 정화하는 연습, 새로운 비전을 수용하는 비전포커스연습 등이 있습니다.

감사프로젝트(Project)

감사연습을 장기간 진행하는 과정을 의미하며, 21일 감사프로젝트를 한 후에 200일 감사프로젝트를 진행합니다. 자기변형의 원리에 따라 감사 습관을 형성하려면 최소 3~6개월 동안 감사프로젝트를 실천해야 합니다.

감사허용(Permission)

내가 경험하는 모든 것은 나의 허용에 의해 다가온 것입니다. 정화와 수용도 나의 허용이 필요합니다. 감사는 내 삶을 창조하는 허용의 기술입니다.

감사정화(Purification)

정화는 낡고 정체된 에너지와 불편한 과거기억정보를 떠올려 풀어내고, 흘려 내보내고 비우는 것을 의미합니다. 정화의 목적은 불편한 에너지와 기억을 감사와 사랑으로 끌어안아 변형시키는 것입니다. 불편하지 않은 기분 좋은 에너지와 기억은 정화의 대상이 아닙니다. 감사정화는 정체된 에너지와 과거기억정보를 감사연습으로 정화하는 것을 의미합니다.

감사수용(Acceptance, Allowance)

수용은 우주와 지구에 조성된 새로운 에너지와 잠재성의 영역에 있는 미래기억정보(영감, 아이디어, 비전)를 선택적으로 받아들여 현실에 구현하는 것을 의미합니다. 감사수용은 의식적으로 새로운 에너지와 미래기억정보를 내 몸과 마음에 받아들여 수용하는 것을 의미합니다.

감사노트(Note)

감사연습 과정을 기록하기 위해 노트를 준비합니다. 휴대폰에 메모하거나, 블로그나 SNS를 감사노트로 활용해도 됩니다. 감사선언, 감사연습, 감사기도 순으로 매일 기록합니다.

감사선언(Affirmation)

말로만 선언하는 것이 아니라 마치 지금 여기에서 일어나고 있는 것처럼 느끼고 상상하면서 선언해야 합니다. 감사선언으로 내면 현실이 바뀌면, 외부 현실도 바뀝니다.

감사기도(Prayer)

나의 근원인 참나와 나자신, 그리고 모든 것의 근원에게 감사하는 기도를 의미합니다. 기도는 생명의 빛으로 몸과 마음을 정화하고 고차원의 에너지를 수용하는 작업입니다.

호흡이완연습(BRT, Breath and Relaxation Technique)

감사연습에서 가장 먼저 하는 기초연습으로, 깊은 호흡과 함께 심신을 이완합니다. 기본상태에서 감사상태로 전환하는 가장 쉬운 기법입니다.

상태전환(State Shift)

의식의 초점을 다른 상태로 옮겨 가는 것을 의미합니다. 감사연습은 감정, 생각, 기분, 에너지, 컨디션 등을 의식적으로 변화시킬 수 있습니다. 예를 들어 최소 1분 이상 감사하고 웃으면, 기분 나쁜 상태에서 기분 좋은 상태로 전환할 수 있습니다.

차원전환(Dimensional Shift)

의식의 초점을 물리적 영역에서 비물리적인 영역(다차원)으로 옮겨 가는 것을 의미합니다. BDD(탄생, 죽음, 꿈), NDE(임사체험), 자각몽, 명상은 물리적 현실에서 다차원 현실로 의식의 초점이 이동하는 현상입니다. 더 높은 자아나 근원과 연결하려면 차원을 전환해야 합니다.

기본상태(Default)

어렸을 때는 감사상태와 유사하게 존재했지만, 나이가 들면서 점차 부정적인 생각과 감정으로 에너지 수준이 낮은 기본상태에서 머무르고 있습니다. 항상성 프로그램은 몸의 컨디션을 일정하게 유지합니다. 감사연습은 틀어진 항상성 설정값을 재조정하여 균형을 맞춥니다.

감사상태(Appreciation State)

몸과 마음을 이완하고 감사하는 마음으로 전환하는 것을 의미합니다. 감사연습은 기본상태에서 편안하고 안전하며 기분이 좋은 감사상태로 전환하는 연습입니다. 감사상태에서는 기쁨을 누리면서, 자신을 신뢰하고 사랑하며, 모든 것에 감사할 수 있는 여유로운 상태가 됩니다. 감사상태를 유지하면 자연스럽게 감사의 열매(기쁨, 사랑, 신뢰, 평안)를 얻을 수 있습니다. 감사상태에서는 허용(정화와 수용)을 통해 몸과 마음의 불균형도 치유할 수 있습니다.

안전공간(Safe Space)

외부의 방해와 자극이 차단된 안전하고 편안한 나만의 물리적, 심리적 공간을 의미합니다. 물리적 안전공간은 외부의 환경이나 사람들에게 방해받지 않아, 감사연습을 하기에 좋은 공간입니다. 심리적 안전공간은 외부의 감각을 차단하고, 내면으로 들어가 휴식하면서, 더 높은 차원의 에너지를 충전하는 내면의 공간입니다.

과거기억정보(Past Memory)

미래기억정보를 수신하여 몸과 마음으로 체험한 과거의 정보를 의미합니다. 과거와 전생의 모든 기억정보는 내면에 저장되어 있으며,

완료되지 않은 과거기억은 반복 재생됩니다. 밝고 긍정적인 기억은 좋은 자원으로 활용되지만, 어둡고 부정적인 기억은 몸과 마음을 아프게 하고 대인관계도 불편하게 만듭니다. 기억정보는 모두 필드에 기록되어 있습니다.

미래기억정보(Future Memory)

미래에 구현할 수 있는 잠재성이나 가능성을 의미합니다. 영감, 아이디어, 비전은 아직 체험되지 않은 미래에 구현될 정보입니다. 미래기억은 이미 잠재성의 영역에 존재하고 있으며 의식에 의해 선택되면, 기억정보로 들어와 물리적으로 현실화됩니다. 인간의 뇌는 미래기억을 수신할 수 있으나 퇴화되어 있습니다.

의식(Consciousness, Awareness)

앎, 알아챔을 의미하며, 자신이 무엇을 하고 있는지 아는 것을 말합니다. 의식의 초점은 수축하거나 확장할 수 있습니다. 의식은 극성화된 전자기적/양자적 에너지와 중성적인 잠재에너지를 활성화합니다. 의식이 에너지와 결합하여 한정된 형태가 되면 존재(Being)가 됩니다.

원초입자(Primal Particle)

모든 것의 근원이 창조한 최초의 입자로 양자보다 작아 측정이 불가능합니다. 원초입자는 가득 찬 허공(Full Void)을 가득 채우고 있습니다. 원초입자는 끊임없이 수축 팽창하며 진동하고 있습니다. 원초입자는 분열과 융합을 반복하고 있으며, 우주의 기초 매트릭스를 구성합니다. 원초입자가 모여 기하학적인 형태발생장을 형성하고, 형태발생장에 입자들이 달라붙어 기억을 형성합니다. 원초입자, 그로부터 만들어진 고차원의 입자들과 소립자, 소립자로 만들어진 원자 등 모든 입자는 창조자의 명령과 의도와 정보를 담고 있습니다.

본향(Home/Paradise)

중심우주에서 하나(Oneness)로 존재했던 모든 존재들의 영적 고향을 의미합니다. 본향에서 창조된 최초의 빛(해나)이 텅 빈 허공으로 영적 여정을 떠났습니다. 최초의 빛은 나자신을 창조하고 나자신에 의해 다차원적 우주와 물리적 우주가 창조되었습니다.

텅 빈 허공(Empty Void)

창조 이전의 우주 공간으로, 아무것도 없는 빈 공간을 의미합니다. 본향에서 확장되어 나간 존재들이 창조를 시작한 바탕 공간으로 지금은 존재하지 않는 우주 공간입니다(All that was).

가득 찬 허공(Full Void)

창조 이후의 지금의 우주 공간으로, 비어있는 듯 보이지만 잠재성으로 가득 차있습니다(All that is). 잠재성은 근원이 창조한, 표현되지 않는 수많은 의식과 잠재에너지를 말합니다. 잠재에너지는 양극성(+-)을 가지고 있으면서 동시에 극성이 없는 원초입자를 말합니다.

에너지(Energy)

측정이 불가능한 원초입자와 초양자, 양자 수준의 입자들의 흐름을 의미합니다. 지구와 우주의 가득 찬 허공(Full Void)에는 아직 표현되지 않은 잠재에너지가 무한히 존재합니다. 창조의식을 가진 영혼적 존재의 의도와 상상에 의해 잠재에너지가 촉발되어 물리적인 현실에 들어올 수 있습니다. 감사연습으로 잠재에너지가 몸과 마음에 채워지면, 영혼을 위해 일하고 봉사하는 에너지가 됩니다.

매트릭스(Matrix)

원초입자들이 모여 기하학적 형태발생장과 매트릭스를 만듭니다. 우주에는 다양한 차원의 매트릭스가 설치되어 있습니다. 뇌신경망은 물리적, 비물리적 매트릭스와 소통하는 통신채널입니다. 감사연습으로 더 높은 차원의 매트릭스와 연결이 가능합니다.

필드(Field)

원초입자로 만들어진 형태발생장을 말합니다. 모든 존재는 필드를 가지고 있으며 우주의 근원장인 소스필드(Source Field, 영점장)와 연결되어 있습니다. 생명체의 필드를 생체에너지장(Bioenergy Field)이라고 부릅니다. 모든 존재가 생겨난 바탕인 영점장(Zero Point Field, 양자포텐셜장)과 에너지격자(Grid), 소립자 수준의 아원자장, 물질장 등 다양한 필드가 존재합니다.

생체에너지장(Bioenergy Field)

인체의 내부에너지와 함께 외부에 펼쳐져 있는 에너지장(Energy Field)을 말합니다. 인체의 외부에 여러 층으로 둘러싸여 있는 에너지장은 오라장(Aura Field), 생명장(Life Field), 생체전자기장(Bio-electromagnetic Field), 인간에너지장(Human Energy Field), 형태발생장(Morphogenetic Field) 등 다양한 용어로 불립니다.

존재(Being)

형태발생장에 의해 만들어진 물리적, 비물리적 개체를 말합니다. 모든 것의 근원(Source)은 존재가 아니지만 해나(Hanna), 나자신(I AM), 참나(Oversoul), 영혼(Soul), 마음(Mind), 몸(Body)은 형태를 가진 존재라고 할 수 있습니다. 다차원의 우주에는 근원에서 분리되어 하강한 수많은 영적 존재들과 물리적 존재들이 있습니다.

물질(Matter)

얼어붙은 에너지(Frozen Energy), 응집된 에너지(Cohesive Energy)로 보이지 않는 에너지가 입자로 응축하여 소립자, 원자, 분자가 됩니다.

육체(Physical Body)

생화학적이고 물질적인 몸을 말합니다. 육체는 영혼이 물질 현실을 경험하도록 설계된 생물학적인 도구입니다. 영혼이 없는 육체는 클론이나 좀비와 같습니다.

마음(Mind)

뇌신경망(Brain Neuron Network)을 기반으로 한 생화학적, 전자기적 바이오컴퓨터(Bio-chemical Computer)를 의미합니다. 마음은 운동, 언어, 학습, 판단을 하는 지성적인 인간의 한 측면을 담당합니다. 물질 현실만 인식하도록 의식의 스펙트럼이 좁게 제한되어 있습니다. 에고(Ego)는 마음에 의해 만들어진 인간적인 자아로, 오랫동안 나(영혼)를 대신해 삶을 이끌어왔습니다. 에고는 감각정보와 집단의식에 쉽게 영향받습니다.

에고마인드(Egomind)

대뇌의 마음(현재의식)을 의미합니다. 에고마인드는 3차원 현실을 감각정보로 인지하고, 움직이고, 생각하고, 말하고, 판단하고, 분별하고, 해석하는 기능을 담당합니다. 에고마인드는 가짜 나입니다. 하지만 3차원 현실에서 마치 진짜 나인 것처럼 주인이 되어 삶을 주관하려고 합니다.

서브마인드(Submind)

소뇌와 뇌간의 마음(하부의식)을 의미합니다. 에고마인드보다 훨씬 빠른 속도로 정보를 처리하고 있으며, 주로 본능과 항상성 유지를 위해 일하고 있습니다.

마스터마인드(Mastermind)

에고마인드가 신성과 연결되어 업그레이드되면 신적 마음, 마스터마인드가 됩니다. 신성은 고차원의 자아로부터 주어지는 창조자의식입니다. 에고마인드가 신성과 연결되면, 근원의 메시지와 안내에 따라 물리적 현실에서 주도적으로 창조하기 시작합니다.

에너지변화증후군(ETS, Energy Transition Symptom)

의식상승으로 에너지가 변하면서 몸과 마음에 다양한 증후군이 나타납니다. 에너지변화증후군은 대부분 안전한 증상이며 변화 과정이 끝나면 사라집니다. 감사연습 중에 고통스러운 과거기억이 떠오르거나, 예전 증상이 재현되는 경우는 치유의 과정(호전반응, 명현반응)이니 안심해도 됩니다.

감정(Emotion)

대뇌의 마음과 별도로 설계되었으나 지금은 대뇌의 마음에 의해 지배되고 있으며, 신경과 호르몬에 의해 기쁨, 슬픔, 두려움, 분노의 기본감정과 복합감정들을 만들어냅니다.

영(Spirit)

생명력 에너지를 의미합니다. 인간과 영혼은 영으로 연결되어 있습니다. 근원과 에너지를 교류하는 것도 영의 작용입니다.

영지(Gnosis)

더 높은 자아의 지혜를 받아들이는 인간의 한 측면을 말합니다. 영지는 창조적인 미래기억을 수신하는 통로입니다.

영감(Inspiration)

잠재성의 영역에서 미간이나 두정 차크라를 통해 들어오는 미래기억을 의미합니다. 직감(Gut Feeling)은 태양신경총 차크라를 통해 느끼는 본능적인 감각이고, 직관(Intuition)은 과거기억정보에서 가져오는 통찰이나 지혜를 의미합니다. 에고마인드는 영감, 직감, 직관의 메시지를 무시하고 제한적인 정보와 고정관념으로 편향적 판단(Heuristics)을 하므로 오류에 빠지기 쉽습니다.

나자신(I AM)

다차원 창조계의 창조주이며 이원성 체험장인 우주를 주관하는 아이엠(I AM) 자아로, 신적인 근원을 의미합니다. 나자신은 참나에게 신성한 본질(Essence)을 부여합니다. 본질은 주권적 권리, 자유로운 선택과 창조 능력, 자신에 대한 사랑, 자기를 알기 위해 확장하고 경험하는 속성 등을 의미합니다. 참나는 영혼으로 분화되어, 인간의 몸으로 들어와, 물리적인 현실을 체험하고 있습니다. 나자신은 창조자이고, 참나는 체험자입니다. 영혼은 참나의 아바타이며, 몸과 마음은 지구를 체험하는 영혼의 옷입니다.

영혼(Soul)

나자신과 참나에 의해 창조된 독특하면서도 유일한 영적 본성으로, 소멸되거나 빼앗길 수 없는 생명과 창조의 에센스를 담고 있습니다. 영혼의 본성(Nature)은 자신을 알기 위해 자신을 표현하려는 욕구(Desire)와 열정(Passion)을 의미합니다.

가슴(Heart)

영혼의 본성으로부터 주어지는 느낌의 센터를 말합니다. 사랑은 가슴센터에서 만들어져 방사되는 순수한 에너지를 말합니다.

연민(Compassion)

아무런 판단 없는 순수한 사랑으로 다른 사람을 이해하고, 수용하며, 존중하는 자비로운 상태를 말합니다. 자기 자신도 연민하는 것이 중요합니다. 연민은 완전한 수용을 의미하기도 합니다.

기존 에너지(Old Energy)

음양의 구조와 나선형 운동 패턴으로 진동하는 에너지로 어느 정도 예측 가능한 극성화된 에너지를 말합니다.

새로운 에너지(New Energy)

간차원적 잠재에너지(IPE, Interdimensional Potential Energy)로 중성적인 잠재성으로 존재하고 있으며, 의식에 의해 촉발되어 물리적 현실로 들어오는 에너지를 말합니다. 새로운 에너지는 기존 에너지와 다른 속성을 가지고 있습니다. 신성과 인성을 통합시키는 새로운 의식에 의해 드러나는 에너지로, 최근 지구에 조성되고 있습니다.

영혼적 존재(Souled Being)

신(GodSpirit, Source)에 의해 본향에서 창조된 최초의 존재들

(빛)이 나자신(I AM)으로 하강하여 우주와 영혼적 존재들을 창조하였습니다. 인간의 진정한 정체성은 천사, 신의 아이들이라 불리는 영혼들이며, 다른 차원의 영적 존재들도 창조자로서 신성한 정체성을 유지합니다. 창조자의 본질을 부여받지 않은 에너지적 존재는 영혼적인 존재들이 아닙니다.

나의 측면들(Aspect, Part)

분화되고 쪼개진 다양한 나의 측면(분아)들로 다양한 역할에 따라 수많은 정체성을 가지고 있습니다. 과거자아, 미래자아, 꿈자아, 다차원자아, 평형현실의 자아들뿐만 아니라 몸, 마음, 영, 영지 등 인간의 4가지 측면들이 있습니다.

새몸(New Body)

새로운 의식과 에너지에 의해 활성화된 새로운 의식의 몸, 빛의 몸을 의미합니다. 빛의 몸은 인간, 영혼, 신성, 측면들이 모두 하나로 통합된 몸입니다.

카르마(Karma)

끝나지 않은 에너지(Unfinished Energy), 완료되지 않은 드라마나 비즈니스를 의미하며, 의식적 선택과 자기변형 과정을 통해 풀려납니다. 카르마의 유형은 개인적 카르마(전생, 탄생각인, 맹서, 점성학적 제약), 가족적 카르마(영적계보, 혈통), 집단적 카르마가 있습니다.

양자통신망(QCN, Quantum Communication Network)

세포와 세포, 입자와 입자 사이에 일어나는 수많은 통신 상태가 복잡하게 얽혀있습니다. 양자통신은 얽힘, 중첩, 비국소성, 동시성 등을 특징으로 합니다.

간차원적 DNA(Interdimensional DNA)

활성화되지 않은 채 잠재되어 있는 DNA의 프로그램으로, 스스로 현실의 창조자가 될 수 있도록 지원합니다. 에너지의 주인으로서 에너지를 다루고 명령하는 주권적 존재가 되면, 나자신의 신성과 연결된 간차원적 DNA가 활성화됩니다.

CTS(Conflict, Trauma, Stress)

예상치 못하거나, 감당할 수 없는 갈등, 트라우마, 스트레스를 의미합니다. 몸과 마음이 CTS를 처리하는 과정은 CTS충격으로 교감신경이 활성화되는 CTS활성단계(갈등단계)와 CTS종료로 부교감신경이 활성화되는 힐링단계로 진행됩니다. 이 과정에서 갈등증후군, 힐링증후군, 힐링위기(호전반응)가 나타납니다.

생체위기관리시스템(BCMS, Biological Crisis Management System)

CTS를 처리하기 위해 뇌에서 작동하는 본능프로그램을 의미합니다. 정신적인 CTS충격으로 뇌의 특정 부위가 활성화되면서 에너지서클이 형성됩니다. 동시에 장기나 조직의 세포에 생물학적 특수프로그램이 활성화됩니다.

생물학적 특수프로그램(BSP, Biological Special Program)

BCMS의 명령(신호)에 의해, 장기나 조직의 세포들이 생물학적 특수프로그램을 작동하여 특수 임수를 수행하게 됩니다. CTS활성단계에서는 특수 임무를 담당하는 세포들이 증식하거나 감소하게 됩니다. 힐링단계에서는 특수 임무를 담당하는 세포들이 다시 감소하거나 증식하여 정상으로 회복됩니다.